Kohlhammer

Kompendien Praktische Theologie

Herausgegeben von

Thomas Klie und Thomas Schlag

Band 5

Die Kompendien Praktische Theologie bieten kompakte und anschauliche Überblicke über die Teilgebiete der Praktischen Theologie. Die einzelnen Bände präsentieren gesichertes Grundlagenwissen mit Bezug auf gegenwartsrelevante Fragestellungen und orientieren sich an folgenden Leitthemen: Problemhorizont und gegenwärtige Herausforderungen – Geschichte der Disziplin – Systematische Entfaltung – Empirische Erkenntnisse – Enzyklopädische Verortung im Ganzen der Praktischen Theologie. Besonderes Augenmerk liegt auf der Verzahnung von Theoriebildung und Praxisreflexion, der Integration in internationale Diskurse sowie dem Dialog mit Partnerwissenschaften außerhalb der Theologie.

Jörg Neijenhuis

Liturgik

Verlag W. Kohlhammer

1. Auflage 2020

Gesamtherstellung: W. Kohlhammer GmbH, Stuttgart

Print:
ISBN 978-3-17-034098-5

E-Book-Formate:
pdf: ISBN 978-3-17-034099-2
epub: ISBN 978-3-17-034100-5
mobi: ISBN 978-3-17-034101-2

Inhalt

Vorwort

Im Frühjahr 2018 erhielt ich zu meiner Überraschung eine Anfrage von Prof. Dr. Thomas Klie (Rostock): Ob ich mir vorstellen könne, in der von Prof. Dr. Thomas Schlag (Zürich) und ihm verantworteten Kompendienreihe Praktische Theologie den Liturgik-Band zu schreiben? Bevor ich reagierte, habe ich erst einmal gründlich darüber nachgedacht, ob ich ausreichend Zeit fände, solch ein Kompendium zu schreiben, das in dieses durchaus umfangreiche Fachgebiet einführt. Schließlich habe ich aber gerne zugesagt. Denn ich sah es als Chance an, eine Einführung vorzulegen, die Grundlinien zeigt, wie sich Liturgie/Liturgien entwickelt haben, welche empirischen Erkenntnisse zu beachten sind und wie die Disziplin Liturgik/Liturgiewissenschaft systematisch und im Rahmen der Praktischen Theologie auch mit Blick auf die Bezugswissenschaften zu verorten ist. Es sollte ein übersichtliches und gut verständliches Kompendium werden, das sowohl für Studierende der Theologie von Nutzen ist, die sich mit dem Fachgebiet zum ersten Mal auseinandersetzen oder sich auf das Examen vorbereiten, als auch für Theologen, die sich als Vikare auf das zweite theologische Examen vorbereiten oder als Pfarrpersonen liturgisch tätig sind. Nun liegt das Buch vor und ich hoffe, dass die Leser und Leserinnen daraus diesen auch von den Herausgebern der Reihe intendierten Nutzen gewinnen.

Herzlich gedankt sei insbesondere Prof. Dr. Thomas Klie für die intensive Begleitung während der Entstehung des Manuskripts und Prof. Dr. Thomas Schlag für seine bestärkende Rückmeldung. Mein Dank gilt ebenso Dr. Sebastian Weigert und Florian Specker vom Kohlhammer-Verlag für die kompetente Beratung und das sorgfältige Lektorat, und er gilt meiner Frau Elisabeth Neijenhuis, die die allererste Leserin des Manuskripts gewesen ist.

Zueignen möchte ich dieses Kompendium der Liturgie meinem Konvent an der Klosterkirche St. Maria in Lobenfeld (Kraichgau/Odenwald), mit dem ich sowohl herzlich als auch tief liturgisch im Glauben verbunden bin.

Heidelberg, an Johannis 2020 — Jörg Neijenhuis

1. Einleitung

1.1 Was ist Liturgie?

Die Feier der Liturgie bzw. die Gottesdienstfeier ist für die Feiernden eine Handlung des Glaubens. Die Glaubenden feiern mittels der gottesdienstlichen Elemente (z. B. Gebete und Lieder, Schriftlesungen und Predigt, Glaubensbekenntnis und Sakramente). Gott und Mensch begegnen sich, was unterschiedlich beschrieben werden kann: als Kommunikation (des Evangeliums), als Verkündigung des Wortes Gottes oder mit Luther: durch Wort und Gebet. Friedrich D. E. Schleiermacher hat den Gottesdienst als die »darstellende Mittheilung und mittheilende Darstellung des gemeinsamen christlichen Sinnes« definiert (Schleiermacher 1850, 145). Diese Definition aufnehmend beschreibt Peter Cornehl die Liturgie als sinnstiftende Orientierung, sinngestaltende Expression und sinnvergewissernde wie sinnerneuernde Affirmation (Cornehl 1979). Karl-Heinrich Bieritz hält fest, dass das gesamte kirchliche Handeln mit Zeugnis (μαρτυρία), Dienst (διακονία), Feier (λειτουργία) und Gemeinschaft (κοινωνία) beschrieben wird, so dass mit der Feier eine gottesdienstliche Kultur in den Blick kommt, die »Ausdruck der darstellend-symbolischen Dimension kirchlich-religiösen Handelns« ist (Bieritz 2004, 7f). Rainer Volp hat seiner Liturgik gleich den Titel gegeben, der zugleich die Liturgie als Handlung in den Blick nimmt: Liturgie ist die Kunst, Gott zu feiern (Volp 1992/1994). Michael Meyer-Blanck berücksichtigt ausdrücklich die Öffentlichkeit des Gottesdienstes, so dass Liturgie »öffentlicher Gebetsdienst der Kirche« ist (Meyer-Blanck 2011, 7). Unter dem Gesichtspunkt, dass Liturgie mit dem Anspruch von Wahrheit gefeiert wird, habe ich formuliert: »Anhand der Feier des Glaubens, die Liturgie genannt wird, kann gezeigt werden, wie die Glaubenden an Gott glauben, sein Wirken erwarten, was sie glauben und wie sie sich als Kirche verstehen.« (Neijenhuis 2017, 25).

Für die römisch-katholische Kirche hielt Romano Guardini 1921 fest, dass Liturgie eine Kultausübung der »lebendige[n], opfernde[n], betende[n], die Gnadengeheimnisse vollziehende[n] Kirche« ist (Guardini 1921, 104). Das Zweite Vatikanische Konzil (1962–1965) hat von diesem statischen Modell – die Kirche im Gegenüber zu Gott – Abstand genommen und die Liturgie in ihrer Geschichtlichkeit in den Vordergrund gerückt, weil die Kirche niemals aufgehört hat, das »Pascha-Mysterium« seit Christi Tod und Auferstehung zu feiern. Sie versteht die Liturgiefeier als Fortführung des Heilswerkes Christi (SC 6f).

Der Gottesdienst bzw. die gefeierte Liturgie wird in beiden Kirchentraditionen als Mitte der Gemeinde bzw. als Mitte der Kirche gedeutet, weil sich hier die zentrale Begegnung von Gott und Mensch ereignet und Menschen, so vom Wort Gottes gestärkt, in den Alltag gehen, um nun ihr Christsein zu leben und sich im Gottesdienst des Alltags zu bewähren, z. B. durch die tätige Nächstenliebe (Mt 25). Insofern ist der Begriff Gottesdienst der umfassendere Begriff, der fast synonym mit Christsein verwendet wird: Der ritualisierte Gottesdienst am Sonntag oder andere Gottesdienste wie eine Trauung oder eine Bestattung finden ausdrücklich in der Kommunikation mit Gott statt, während der Gottesdienst des Alltags dem Nächsten dient. So wird Gott in jedem Menschen erkannt, der Hilfe bedarf und dem man begegnet. Darum könnte man mit gewissem Recht, wenn auch ungebräuchlich, für die rituelle Feier am Sonntag oder die Feier der Kasualien, Andachten etc. besser den Begriff »Liturgie« verwenden. Das findet allerdings schon deshalb wenig Anklang, weil die Predigt in der Regel nicht als zur Liturgie gehörig betrachtet wird: Die Struktur der Liturgie als Feier ist rituell, die Predigt dagegen ist rhetorisch zu verstehen. Darum bleibt der weite Begriff des Gottesdienstes für die rituelle Feier ebenso bestehen wie für das Christsein im Alltag.

Die Liturgie kann wie jedes Fest den Alltag unterbrechen. Ist der Alltag vorrangig dem nützlichen Tun gewidmet, wird dieser Alltag durch die Feier der Liturgie unterbrochen, weil nun eine Sinnvergewisserung vorgenommen wird (Neijenhuis 2012b, 135–137 mit Bezug auf Schleiermacher). Die Sinnvergewisserung bzw. die Stärkung des Glaubens geht weit über ein nützliches Tun hinaus und zeigt eine weitere, eigenständige Dimension des Lebens an. So wird das Leben mit Hilfe des Glaubens gedeutet durch die beiden Dimensionen Alltag und Fest/Feier. Hierbei erfolgt die Sinnvergewisserung vermittels des Festes/der Feier, und der Alltag ist dem nützlichen Tun gewidmet, das auf seine Weise einen eigenen Sinn hat.

»Das kommt bei der Feier in der Weise zum Zuge, dass mit der Feier die Existenz des Lebens an sich in den Vordergrund gerückt wird. Die Feier deutet die Existenz des Lebens als sinnstiftend, sinnvergegenwärtigend und sinnvergewissernd. Bipolar dazu wird das Leben im Alltag, also die Nicht-Feier, in seinem nützlichen, zweckhaften und funktionalem Handeln gedeutet und gewürdigt. Denn auch diese alltägliche Seite ist ein selbstverständlicher Teil des Lebens, der auf seine funktionale Weise sinnvoll ist. Auch diese Seite des Lebens wird durch die Feier als sinnvoll qualifiziert.« (Neijenhuis 2020, 200). Entsprechend aufwendig werden Feste und Feiern gestaltet, und das kann sich auch bei der Liturgiefeier zeigen. Hier werden heilige Texte verlesen, die – vor dem Hintergrund eines theologischen Studiums historisch und kontextuell verstanden – gepredigt werden; situativ formulierte Gebete oder geprägte Gebetsformeln wie das Vaterunser reden Gott ausdrücklich an. Dasselbe gilt auch für Lieder, die teilweise Gebete sind und nun mit dem Zeichencode Musik eine besondere Bedeutung erhalten. Während der Liturgie können auch musikalische Kunstwerke zu Gehör kommen, wenn z. B. ein Orgelpräludium zu Beginn des Gottesdienstes gespielt oder eine Kantate im Zusammenhang eines Gottesdienstes aufgeführt wird. Ein durch Kunstwerke aufgewerteter Kirchenraum hebt den Wert der Gottesdienstfeier hervor, was sich an der besonderen Gestaltung von Altar und Kanzel, Kirchenfenstern und Orgel zeigt. Auch die liturgische Kleidung und die Paramente unterstreichen diese Wertschätzung und Bedeutung von Fest und Feier für die Liturgie. Insofern kann man sagen, dass alle »Sprachen« des Menschen für die Feier der Liturgie zum Einsatz kommen können: verbale und nonverbale Sprache, Musik, Bilder, Textilien, Gerüche, Speisen, Bewegungen etc. Alle menschlichen Ausdrucksweisen werden eingesetzt, um der Kommunikation mit Gott und auch der Kommunikation untereinander Gestalt zu geben – durch die Feier der Liturgie.

Dabei ist das Muster der Kommunikation des Evangeliums, die Verkündigung des Wortes Gottes, nicht der einzige, wohl aber der vorrangige evangelische Zugang zum Verständnis des Gottesdienstes. Die Elemente von Gottesdienst sind zwar in den meisten christlichen Kirchen dieselben: Es wird aus der Heiligen Schrift vorgelesen, gepredigt, gebetet und gesungen, Taufe und Abendmahl/Eucharistie werden gefeiert. Doch untergründig wirken noch andere Verständnisse von Gottesdienst, von Kirche und Christsein, was sich wiederum auf die Gestaltung der Liturgie auswirkt. Solche untergründigen Verständnisse sind am deutlichsten festzustellen, wenn kirchliche (Reformation), gesellschaftliche (Aufklärung), politische Umbrüche (Kommunismus oder Faschismus) deutliche Wirkungen zeigen, die selbstverständlich oder auch überraschend den Gottesdienst betreffen. So hat z. B. die Aufklärungsliturgik dem Gottesdienst eine wesentlich belehrende Funktion gegeben und damit der Predigt eine dominante Rolle zugewiesen (→ 2.8, S. 65). Der Gottesdienst kann von gesellschaftlichen Veränderungen ja nicht unberührt bleiben, sei es, dass sie zu einer Weiterentwicklung und Reform, sei es, dass sie zu einer Abwehr nichtchristlicher gesellschaftlicher Einflüsse führen. Gesellschaftstheoretiker wie Hartmut Rosa (Rosa 2005), der von einer sozialen Beschleunigung durch Technik und Produktion spricht, die sich auch in der Kommunikation und im zwischenmenschlichen Verhalten zeigt als Beschleunigung des Lebenstempos, oder Andreas Reckwitz (Reckwitz 2017), der eine Gesellschaft der Singularitäten beschreibt, in der das Allgemeine wenig zählt, wohl aber das Besondere, machen Gesellschaftsveränderungen deutlich, die man als Spätmoderne oder Postmoderne bezeichnet. So nehmen die sich wandelnde Gesellschaft und das sich wandelnde Selbstverständnis von Menschen Einfluss auf die Weiterentwicklung von Gottesdienst und Liturgie. Denn Christen können Gottesdienst und Liturgie nur in der Weise und mit der Gestalt feiern, wie sie sich selbst als Menschen und Christen verstehen und deuten. Und das ist wiederum davon abhängig, in welcher Kultur sie aufgewachsen und von welcher Kultur und Sprache sie geprägt worden sind.

1.2 Fragestellungen an die Liturgie und gegenwärtige Herausforderungen

Darum befassen wir uns mit Fragestellungen, die sich durch die Gegenwart, den kirchlichen Kontext, das gesellschaftliche Umfeld und die Zeitläufte ergeben. Alle Christen leben in Zeitgenossenschaft mit ihrer Kultur, und je nachdem, wie stark die Prägung durch die Kultur ist, kann die Feier der Liturgie befördert werden (wenn die Kultur ausgesprochen christlich geprägt ist) oder auch erschwert werden (wenn die Kultur vorrangig säkular oder durch eine andere Religion geprägt ist). Auf den europäischen Kontext bzw. auf Deutschland bezogen bestehen die Herausforderungen – nicht nur für die Feier der Liturgie, sondern für die Kirche als Ganze – darin, dass die Selbstverständlichkeit der christlichen Tradition abnimmt. Auch die Individualisierung und die damit verbundene Vielfalt, die sich in unterschiedlichen Milieus und Stilen ausbildet, wirken sich liturgisch aus. Christliche Bildung und Glaubensprägung nehmen ab. Gehörten Anfang der 1950er Jahre noch 90 % der Bevölkerung in West- und Ostdeutschland einer christlichen Kirche an, so waren es 2016 noch etwa 60 % (www.ekd.de; Zahlen und Fakten des kirchlichen Lebens).

Die EKD hat diese Entwicklungen selbst durch Befragungen erforscht und dokumentiert sie in ihren Untersuchungen. Die dritte Kirchenmitgliedschaftsuntersuchung, die 1992 vorgenommen wurde, bekam bezeichnenderweise den Titel *Fremde Heimat Kirche*, und in der letzten Untersuchung, die im Herbst 2012 durchgeführt wurde, zeigte sich die Unsicherheit vieler Kirchenmitglieder, über den eigenen Glauben bzw. über die eigene Kirche zu sprechen, bei der Frage: »Welche der folgenden Aussagen kommt Ihren Überzeugungen am nächsten?« 61,1 % der befragten evangelischen Kirchenmitglieder glauben, »dass es einen Gott gibt, der sich in Jesus Christus zu erkennen gegeben hat.« 23,3 % glauben, »dass es irgendein höheres Wesen oder eine geistige Macht gibt.« 10,2 % teilen mit: »Ich weiß nicht genau, was ich glauben soll.« Und 5,4 % sagen: »Ich glaube nicht, dass es einen Gott, irgendein höheres Wesen oder eine geistige Macht gibt.« (Bedford-Strohm/Jung 2015, 500).

Die Religionsvielfalt in Deutschland, Europa und weltweit (vermittelt auch durch moderne Medien) sorgt für eine Konkurrenz von Sinnanbietern. Nicht mehr nur die eigene Kirche, sondern viele Kirchen, Religionen und säkulare Einrichtungen bieten Sinn und Orientierung für die Lebensführung an. Hinzu kommt noch die Vielfalt der Konfessionen, die den meisten Christen mehr oder weniger dem Namen nach bekannt sind, in der Sache herrscht Unkenntnis und kaum Erfahrung vor (evangelisch: lutherisch, reformiert, uniert; anglikanisch, römisch-katholisch, verschiedene orthodoxe Kirchen, dann die Freikirchen, neben den traditionellen Freikirchen der Baptisten oder Methodisten die neueren der evangelikalen oder charismatischen Prägung etc.). Eine Reaktion auf diese Vielfalt ist der Ruf nach Konzentration auf die Ökumene, nach interreligiösem Dialog und nach inter- oder multireligiösen Gottesdiensten.

War die evangelische Kirche über Jahrhunderte hinweg eine Bildungskirche (festzumachen an der Predigt als Auslegung von Bibeltexten oder am Konfirmandenunterricht), so scheint sie sich in Deutschland immer mehr dem Unterhaltungsmilieu anzupassen, das von der modernen Medienwelt als Kultur nahelegt wird (Schulze 1992/2005). Der Glaubende erfährt sich immer weniger als Gemeindemitglied oder gar als Glied am Leibe Christi, sondern als Konsument – auch von Gottesdiensten und Liturgien. Eine gewisse Eventerwartung wird somit durch die Feiernden selbst auch in die Feier der Liturgie eingebracht.

Zu bedenken ist, dass für die Pfarrperson die Vorbereitung und Feier von Gottesdiensten eine Hauptaufgabe darstellt. Vorbereitung, Durchführung und ggf. Nachbereitung von Gottesdiensten nehmen wohl den größten Anteil an wöchentlicher Arbeitszeit in Anspruch, der sich nochmals erheblich erhöht, wenn die hohen christlichen Feiertage wie Weihnachten und Ostern anstehen. Zu beachten ist auch, dass der Sonntagsgottesdienst nicht der einzige Gottesdienst innerhalb einer Woche ist, sondern dass auch Kasualien, Andachten, Schulgottesdienste, Gottesdienste aus gesellschaftlichem oder staatlichem Anlass, Gottesdienste in Heimen oder in Privathäusern etc. dazukommen.

Zudem erfahren Pfarrpersonen und Gemeinden, dass ihr christliches Leben im Gottesdienst in eine Krise geraten kann oder schon geraten ist. Denn so mancher Gottesdienst mit seiner klassischen Wort-Gottes-Theologie und mit seiner traditionellen liturgischen Gestaltung wirkt nicht mehr recht verständlich und wird folglich als lebens- oder weltfremd erfahren. Solche Krisenerfahrungen gab es immer wieder: So wurde die Taufe im Neuen Testament und in den ersten Jahrhunderten der Kirche als ein Herrschaftswechsel von der bisherigen Gesellschaft (Götterverehrung, Dämonenglaube etc.) in die neue Gesellschaft der Kirche gedeutet. Die Taufe war nicht allein ein Glaubenswechsel, sondern teilweise auch ein Kulturwechsel. Dieses Konzept des Herrschaftswechsels geriet in eine Krise, als die christliche Religion im römischen Reich zu einer anerkannten Religion wurde, und erst recht, als im Mittelalter und zur Reformationszeit die Gesellschaft und die Kirche nahezu deckungsgleich waren. Eine Reaktion auf die Krise war, dass die Taufe verstanden wurde als eine Eingliederung in die Gesellschaft, die Kirche bzw. in die eigene Familie. Die Tauffeier als Initiation zum christlichen Glauben war dagegen eher unbekannt.

Wie werden sich die Tauffeier und das Taufverständnis einer Kirche weiterentwickeln, deren gesellschaftliches Umfeld bestenfalls multireligiös ist, aber in seiner Kultur zunehmend säkular wirkt? Solche Krisenmomente lassen sich auch bei anderen Kasualien beobachten. Sie betreffen alle Handlungen, da die Religion in der Moderne bzw. Spätmoderne in eine Krisensituation geraten ist. Diese äußert sich primär als ein Vertrauensverlust. Dieses Krisenmoment zeigt sich übrigens auch bei anderen staatlichen oder gesellschaftlichen Institutionen. Denn die Moderne selbst ist in eine Krise geraten. Hatte die Aufklärung nach Immanuel Kant die Befreiung des Menschen aus seiner selbstverschuldeten Unmündigkeit im Blick, so ist schier das Gegenteil für das 20. und 21. Jahrhundert festzustellen. Die instrumentelle Vernunft, die vorrangig technisch und zweckrational orientiert ist, ist derart wirkmächtig (und selbstverständlich) geworden, dass Kriegskatastrophen (Weltkriege) und Zivilisationsbrüche (Holocaust), Umweltgefährdung und Finanzkrise (2008), Big Data und Fake News in der

Lage zu sein scheinen, die europäische Kultur zu gefährden oder gar bleibend zu beschädigen. Zugleich ist aber auch zu sehen, dass im selben Zeitraum großartige wissenschaftliche Leistungen erbracht wurden, die das Leben von Menschen z. B. durch Medizin und Technik wesentlich erleichtern und ein längeres Leben ermöglichen (Wolfrum 2017). Trotz der offenen, demokratischen Entwicklung der westlichen Länder haben sich immer wieder geschlossene, diktatorische Systeme (Kommunismus, Faschismus) entwickeln können, die eine Gefahr für eine offene Gesellschaft darstellen. All diese gesellschaftlichen Entwicklungen und Kräfte, ob sie nun schon Jahrhunderte zurückliegen oder die Gegenwart mitbestimmen, gehen weder an den Kirchen noch an den Gottesdienstfeiern spurlos vorüber. Ihre erwünschten oder unerwünschten Einflüsse und manchmal (noch) unverstandenen Wirkungen sind immer mit zu bedenken, wenn über die Entwicklung von Gottesdienst und Liturgie reflektiert werden soll.

Liturgie wird als »Kommunikation des Evangeliums«, als Begegnung mit Gott verstanden. Der Begriff Gottesdienst umfasst das gesamte christliche Leben und bezeichnet sowohl die rituelle liturgische Feier als auch das christliche Leben im Alltag. Die Liturgiefeier vermag den Alltag zu unterbrechen und ermöglicht eine Sinnvergewisserung des Glaubens. Für diese Feier können alle Ausdrucksmöglichkeiten des Menschen eingesetzt werden. Diese »Sprachmöglichkeiten« sind weder kultur- noch zeitunabhängig. Sie tragen auf ihre Weise durch die Feiernden selbst die Erfahrungen geschichtlicher Umbrüche bzw. die Fragen und Krisen wie auch die Fortschritte der Gegenwart in die Feier der Liturgie ein. Am Gebrauch der biblischen Texte, der Gebete, der Lieder etc. für die Liturgiefeier kann abgelesen werden, wie die Glaubenden das Wirken Gottes verstehen.

2. Liturgiegeschichte

2.1 Der Begriff Liturgie im Alten und Neuen Testament

Im Hebräischen ist das Verb עבד (*abad*) bzw. das Substantiv עֲבוֹדָה (*abodah*) ein Hauptbegriff für den Gottesdienst im Alten Testament. Das Verb kann mit *arbeiten, dienen* ins Deutsche übersetzt werden, das Substantiv darüber hinaus auch mit *Gottesdienst*. Die Septuaginta übersetzt עבד (*abad*) mit ἐργάζεσθαι (*ergázesthai - arbeiten*) und δουλεύειν (*duléuein - dienen*). Im profanen Bereich kann δουλεύειν das Gott-Dienen etwa durch die Toraobservanz bezeichnen, im Zusammenhang des Kultes bezeichnet δουλεύειν das kultische Dienen Gott gegenüber. Die Übersetzer der Septuaginta haben für den eigentlichen gottesdienstlichen Bereich die Worte λατρεύειν (*latréuein*) bzw. λατρεία (*latréia*) gewählt, was mit *Gottesdienst feiern, opfern* übersetzt werden kann, das Wort λειτουργεῖν (*leiturgéin*) bzw. λειτουργία (*leiturgía*) wird mit *priesterlich Gottesdienst zelebrieren* übersetzt. Das für den Opferdienst wichtige Verb שׁרת (*scheret*) bzw. das Substantiv שָׁרֵת (*scharet*) bezeichnet ebenfalls das Dienen bzw. den Kultdienst; die Septuaginta übersetzt meistens mit λειτουργεῖν. Sie verwendet λατρεύειν bzw. λατρεία, wenn es um die gottesdienstlich-kultische Frömmigkeitsausübung geht, wobei die Priester ebenso gemeint sind wie alle anderen Menschen auch; λειτουργεῖν bzw. λειτουργία wird als Fachausdruck verwendet, wenn Priester den Opferkult durchführen. Sowohl λατρεύειν als auch λειτουργεῖν werden also für den kultischen Bereich verwendet.

Im Neuen Testament werden diese griechischen Begriffe im Sinne der Septuaginta aufgenommen. Bei Paulus kann der kultische Gebrauch auf den christlichen Lebenswandel bezogen werden. Wenn die Christen Gott und den Nächsten dienen, geben sie ihre Leiber als Opfer hin, denn »das sei euer vernünftiger Opfergottesdienst« – τὴν λογικὴν λατρείαν ὑμῶν (Röm 12,1). Paulus kann sich mit seinem Dienst der Verkündigung des Evangeliums an die Völker als Priester und somit als Kultdiener des Christus (λειτουργὸν Χριστοῦ Ἰησοῦ) bezeichnen (Röm 15,15f). Hatte zu Lebzeiten des Paulus der Opferkult am Tempel noch bestanden, so gilt dies für die Entstehungszeit der Apostelgeschichte nicht mehr. Wenn in Apg 13,2 berichtet wird, dass man in Antiochia Gottesdienst feierte (λειτουργούντων), kann mit diesem kultischen Begriff das Gebet gemeint sein, das die Christen als neue Priester Gott darbringen.

2.2 Die Anfänge des christlichen Gottesdienstes

Die Anfänge des christlichen Gottesdienstes sind aus der Glaubenspraxis des damaligen Judentums und aus der hellenistischen Kultur heraus zu verstehen. Die liturgiewissenschaftliche Forschung, die im 19. und bis zur Mitte des 20. Jh.s vorrangig historisch orientiert war, hat großen Forscherfleiß darauf verwendet, den Ursprung des Gottesdienstes im NT zu bestimmen. Dies geschah oftmals mit der Erwartung, für die aktuell anstehenden Reformen der Liturgie einen Maßstab zu finden, der zu einer (mehr oder weniger) einheitlichen Liturgie führen sollte bzw. ein Kriterium an die Hand gab, nach dem die Gottesdienstordnungen zu reformieren wären. Diese Erwartung musste enttäuscht werden, da sich kein einzelner oder gar einziger Ursprung für die angenommene eine Ordnung des Gottesdienstes historisch namhaft machen lässt. Die Textquellen geben Einblicke in das präskriptiv-normative Geschehen der damaligen Zeit oder beschreiben deskriptiv-narrativ, wie Gottesdienste erlebt wurden. Diese Textquellen lassen aber nicht die Schlussfolgerung zu: So sieht die originale Liturgie und ihre Ordnung aus, an der sich nun alle heutigen Liturgien und Gottesdienste messen lassen müssten. Vielmehr wird man feststellen, dass es von Anfang an eine Vielfalt von Feiern gab; und diese Vielfalt von Feiern zeigt sich auch heute noch.

2.2.1 Die jüdischen Glaubensinstitutionen Tempel, Synagoge und Haus

Das gottesdienstliche Leben des Judentums zur Zeit Jesu fand im Tempel, in der Synagoge und zuhause statt. Der Tempel war der Ort des Opferkults, die Synagoge war der Ort der Unterweisung, und das Haus war der Ort des alltäglichen Glaubenslebens, also der Torafrömmigkeit und des eigenen Gebets. Selbstverständlich wurde auch am Tempel und in der Synagoge gebetet, und am Tempel und zuhause wurde auch gelehrt, aber der einzige Ort des Opferkults war der Tempel. Dort wurde täglich am Morgen und am Abend ein Lamm geopfert (Tamid), die Opfer der Tempelbesucher und Wallfahrer wurden dazwischen dargebracht. Drei Wallfahrten waren verpflichtend: Pessach (Passahfest), Schawuot (Wochenfest), Sukkot (Laubhüttenfest). Möglich waren Brandopfer, Friedensopfer, Sündopfer, Schuldopfer sowie Speise- und Trankopfer. Es wurde auch Räucherwerk geopfert. Die Opfer wurden von den Priestern schweigend dargebracht, sie beteten dazu nicht. Die Leviten, die keine Opfer darbringen durften, begleiteten die Opferhandlungen betend durch Gesänge und Hymnen.

Die Opfer konnten »verschiedene Funktionen erfüllen: Lob und Dank, Bitte um Sühne und Vergebung, Erflehen von Hilfe, Einlösen von Gelübden.« (Wick 2002, 63). Der Opferkult garantierte den Schalom zwischen Volk und Gott und das Wohlergehen des Volkes wie des Einzelnen (Wick 2002, 41ff, 50). Täglich wurden Opfer dargebracht, aber der Höhepunkt war der große Versöhnungstag (Lev 16), wenn der Hohe Priester mit Rauchwerk und Opferblut in das Allerheiligste des Tempels ging, um die Schuld des Volkes zu sühnen. Dieser Kult des Opferns war dem erblichen Priestertum vorbehalten. »Der Opferkult war auch im ersten christlichen Jahrhundert die wichtigste Institution gottesdienstlichen Handelns.« (Wick 2002, 64). Jesus hatte an dieser Frömmigkeit teil: Einen geheilten Aussätzigen schickt er zum Opfern in den Tempel (Mk 1,44 par), er sucht den Tempel auf, schützt seine Heiligkeit und lehrt dort (Mk 11,1–12,44 par). Die Tempelsteuer wird entrichtet (Mt 17,24–27), Jesus feiert das Pessachmahl in Jerusalem (Mk 14,12–26 par), dazu gehört auch der Verzehr von am Tempel dargebrachtem Opferfleisch.

Das Opfern war eine sakrale, eine kultische Handlung. Die Synagoge dagegen war kein sakraler, kein kultischer, sondern ein profaner Ort. Sie war ein Versammlungsort *(συναγωγή - synagogé)* insbesondere am Sabbat, aber die Synagoge diente auch als Gericht; die Armenkasse befand sich dort und Gäste konnten beherbergt werden. Am Sabbat traf man sich, um aus der Tora und den Propheten vorzulesen und die Schrift auszulegen, wozu jeder Mann berechtigt war. Selbst Priester, sofern sie anwesend waren, hatten keinen Vorrang. Bei den Zusammenkünften am Sabbat wurde auch gebetet. Es wird in der Forschung diskutiert, ob es vor der Zerstörung des Tempels 70 n. Chr. schon eine Feier gab, die als Gottesdienst zu bezeichnen wäre. Eine festgelegte Feier hat sich wahrscheinlich erst nach der Tempelzerstörung entwickelt, weil es nun den Opferkult am Tempel als Gottesdienst mit eigener Liturgie nicht mehr gab.

Jesus hat auch in Synagogen gelehrt. Matthäus legt sogar nahe (12,9), dass Jesus jeden Sabbat in der Synagoge war. Dort lehrte und predigte er (Mt 4,23; 9,35; 13,43). Die Bergpredigt (Mt 5–7) zeigt Jesu Toraobservanz. »Falls die Mitglieder seiner Adressatengemeinden noch die Synagogen ihrer Landsleute besuchen, würde ihnen mit der Bergpredigt gezeigt werden, wie sie sich am toraobservanten Lehrgespräch in der Synagoge beteiligen konnten und wie sie gerade dort demonstrieren könnten, daß ihr Lehrer im Vergleich zu den anderen Lehrern der Tora der vollmächtigere Toraausleger ist (Mt 5,20; 7,28ff).« (Wick 2002, 252).

Etwas anders verlief die Entwicklung im Diasporajudentum. Synagogen in der Diaspora sind ab dem 3. Jh. v. Chr. bezeugt. Da Juden in der Diaspora weit entfernt vom jüdischen Tempel lebten und – wenn überhaupt – recht selten dorthin kamen, dafür aber nahe bei den andersreligiösen Tempeln wohnten, könnte das Bedürfnis nach einem quasi-religiösen Ort dazu geführt haben, dass dort die Synagoge προσευχή (*proseuché*), also Gebetsort, genannt wurde in Anlehnung an die andersreligiöse Umgebung. Zwar wurde das Gebet in der Diaspora immer stärker gewichtet, aber liturgische Pflichtgebete lassen sich nicht nachweisen. Das änderte sich erst nach der Zerstörung des Tempels. Durch die Neuorientierung des Judentums wurde das dreimalige tägliche Gebet zur Pflicht, das Studium der Tora kompensierte das Opfern, aber ersetzte es nicht. Die Synagogenbauten nahmen repräsentative Formen an, ein Toraschrein mit Vorhang und Säulenmotiv trat nun symbolisch für den Tempel ein. Die Synagogen wurden nun nach Jerusalem hin ausgerichtet. Ein Gottesdienst entwickelte sich. Gleichwohl ist die Synagoge kein Ersatz für den Tempel, denn der Tempel als Haus Gottes und als Opferstätte kennt keinen Ersatz. So bleibt die Synagoge ein nichtkultischer Ort, sie war und wird immer mehr zum Ort der Schriftgelehrsamkeit und erlangt so für das Judentum eine besondere Bedeutung.

Das Haus, die dritte Institution neben Tempel und Synagoge, wurde »der wichtigste Ort für das religiöse Leben im Alltag und für die religiöse Sozialisation der nächsten Generation.« (Wick 2002, 118). In der familiären Frömmigkeit wurden das Gebet und die Schriftfrömmigkeit ausgeübt und an die nachfolgende Generation weitergegeben. Zuhause fand die Beschneidung statt, Essens- und Reinheitsvorschriften prägten das alltägliche Leben, Gebetsschal und Gebetsriemen wurden zum Gebet angelegt, der Zehnte von Lebensmitteln und Feldertrag trug dazu bei, dass auch das alltägliche Leben auf den Tempel bezogen blieb. Neben dem Gebet waren Fasten und Barmherzigkeit bzw. Almosengeben für die jüdische Frömmigkeit essentiell. Dem Hausvater oblag die religiöse Unterweisung, er leitete

z. B. die Sederfeier zum Pessach. Auch Jesus hat in Häusern gelehrt (Mk 2,1–2 par; 3,20 par). An Mt 6,1–6 ist zu erkennen, dass Jesus nach Matthäus (im Gegensatz zu den anderen Evangelisten) private Frömmigkeitsübungen, Almosengeben und Gebet im Haus verortet und nicht in der Synagoge, um frömmelnde Zurschaustellerei zu unterbinden.

2.2.2 Das hellenistische Gemeinschaftsmahl (δεῖπνον und συμπόσιον)

Neben den drei Institutionen des jüdischen Glaubens hat auch das Gemeinschaftsmahl die Entwicklung des christlichen Gottesdienstes und seiner Liturgie beeinflusst. Denn in der hellenistisch-römischen Antike war Gemeinschaft grundsätzlich Mahlgemeinschaft, »das Mahl *ist* das Gemeinschaftsleben.« (Klinghardt 1996, 524). Das galt natürlich für die christlichen Gemeinden außerhalb Israels ebenso wie für Israel selbst. Dieses Gemeinschaftsmahl als Hauptmahlzeit des Tages fand abends statt. Am Morgen nahm man ein kleines Frühstück (ἀκράτισμα – *akrátisma*, lat: *ientaculum*) und zur Mittagszeit ebenfalls ein eher bescheidenes Essen (ἄριστον – *áriston*, lat: *prandium*) zu sich. Diese kleinen Mahlzeiten lassen sich mit heutigen Snacks vergleichen. Nach der Tagesarbeit folgte das eigentliche Sättigungsmahl (δεῖπνον – *déipnon*, lat.: *cena*, früher auch *vesperna*) am späten Nachmittag bzw. am beginnenden Abend. Es wurde in der Familie eingenommen und bestand in einem durchschnittlichen Haushalt aus Fladenbrot, Gemüse, Eiern und evtl. Fisch mit der Abfolge von Vorspeise, Hauptgericht und Nachtisch. Zum Nachtisch konnten Nüsse, Obst und Backwerk gereicht werden. Fleisch gehörte nicht zur regelmäßigen Ernährung und wurde eher im Zusammenhang von Opfern verzehrt. Quellentexte, die über δεῖπνον (*déipnon*) und συμπόσιον (*sympósion*) berichten, beschreiben oftmals Gemeinschaftsmahle, die sich wohlhabende Menschen leisten konnten. Für wohlhabende Familien kamen auch Fleisch und Delikatessen in Frage, zur Vorspeise wurde Wein gereicht, der mit Honig vermischt war (*mulsum*), weshalb die Vorspeise auch den Namen *promulsis* erhielt. Zum Hauptgang wurde Wein oder mit Wasser vermischter Wein getrunken.

Dieses eher private Mahl war aber nicht nur auf die Familie beschränkt, sondern es konnten auch Einladungen ausgesprochen werden. So wurde mit dem gemeinsamen Essen nicht nur die Gemeinschaft in der Familie, sondern auch mit Freunden etc. gepflegt. Darüber hinaus gab es Vereinsmahle, bei denen von den Mahlteilnehmern ein Vereinszweck, der politisch, kultisch, gesellig, künstlerisch etc. sein konnte, verfolgt wurde. Auch hier stand die Mahlgemeinschaft im Vordergrund, und der Ablauf war dem Mahl in der Familie gleich oder zumindest ähnlich. Öffentliche Mahle wurden beim Opferkult und mit anschließendem Verzehr der Opfergaben an Tempeln vollzogen.

In den entsprechend großen Häusern gab es ein Triclinium, einen Speiseraum. In ihm standen mehrere Klinen (Speisesofas), auf denen halbliegend die Mahlzeit eingenommen wurde. Drei Personen fanden Platz auf einer Kline. Etwa ein dutzend Personen galten als normale Anzahl, damit man zusammen essen und sich unterhalten konnte. Waren mehr Personen anwesend, wurde in demselben Haus ein weiterer Raum mit Klinen genutzt. So verwundert es nicht, dass Jesus mit seinen zwölf Jüngern zum Letzten Abendmahl einen entsprechenden Raum hat mieten können. (Abbildungen von Triclinen bei Klinghardt 1996, 598, ein Festbankett mit mehreren Triclinen im Asklepieion in Troizen ebd., 592).

Wenn Paulus die Probleme in Korinth (1Kor 11,17–22) anspricht, handelt es sich um Probleme, die überall in der hellenistischen Kultur beim Deipnon und Symposion vorkommen konnten. Reiche, die keiner körperlichen Arbeit nachgehen mussten, kamen früher und aßen schon, während Arme oder Sklaven erst nach der Arbeit kommen konnten. Damit war der Zweck des Gemeinschaftsmahls entstellt: Auch für die paganen Gemeinschaftsmahle galt – selbst wenn sie nicht schichtenübergreifend abgehalten wurden –, dass sie die κοινωνία (*koinonía* – Gemeinschaft), φιλία (*philía* – Freundschaft) und χάρις (*cháris* – Wohltätigkeit) förderten und zum Ausdruck brachten.

Dem Mahl folgte ein *Symposion*, ein geselliges, gemeinsames Trinken, ein Beisammensein mit Gespräch und Spielen, es konnte als Trinkgelage durchaus überhandnehmen. Auch das Symposion hatte eine gewisse festgelegte Ordnung: Das pagane Deipnon wurde abgeschlossen mit einer religiösen Zeremonie aus Libation, Paian und Bekränzung. Die Libation bestand darin, dass aus einer Weinschale ein wenig ungemischter Wein vergossen und dazu eine Gottheit angerufen wurde, anschließend wurde ein Schluck Wein getrunken. Das konnte drei Mal vollzogen werden. Es folgte ein gemeinsam gesungener Hymnus, der Paian, der inhaltlich Bitte und Dank zum Ausdruck bringen oder auch ein Kriegs- oder Siegeslied sein konnte. Den gemeinsamen Gesang begleiteten Flöten. Nach dem Gesang konnten Mahlteilnehmer besonders geehrt werden, indem man sie bekränzte. Das legt sich bei Vereinssymposien nahe, konnte aber auch in Symposien erfolgen, die eher privat begangen wurden, da auch in diesem Zusammenhang besondere Personen oder Leistungen der Familie oder eingeladene Gäste geehrt wurden. Nun begann das Symposion mit einem Trinkkomment (comissatio) und zum mit Wasser verdünnten Wein wurde der Nachtisch gereicht, der z. B. aus Käse oder gesalzenen Kuchen bestehen konnte. In der Regel nahmen jetzt Frauen und Kinder nicht mehr teil. Während des Trinkkomments konnte ein Skoliengesang erfolgen. Es wurden Lieder mit Instrumentalmusik dargeboten, auch konnte getanzt werden. Anschließend erfolgte eine Unterhaltung oder es konnte auch ein ernstes Gespräch bzw. eine Diskussion stattfinden. Dieser Teil hat die Verwendung des Namens in späterer Zeit bis heute für philosophische und akademische Gebräuche geprägt – Platon und Xenophon haben mit ihren gleichnamigen Werken diesen Gesprächen Denkmäler der Literatur gesetzt.

Im Zusammenhang des Symposions als Gespräch kann man auch die Lehrvermittlung des Paulus in Troas verstehen, wie sie in der Apg beschrieben wurde (20,7–9). In Israel und auch bei den Diasporajuden wurde – wie überall im Hellenismus – der Abend fast gleich begangen. Ein Unterschied ist, dass das Mahl mit einem Gebet eröffnet wurde, das über einem mit Wein gefüllten Becher und über dem Brot gesprochen wurde. Selbst das Pessachmahl folgte der Struktur der Gemeinschaftsmahle: Die Vorspeise wurde eröffnet mit zwei Benediktionen (Festtags- und Bechersegen) über dem ersten Becher (Qidduschbecher), es folgten die Vorspeisen (Grün- und Bitterkräuter, Fruchtmustunke). Bevor das Hauptgericht aufgetragen wurde, folgte die Pessachhaggada, die mit dem ersten Teil des Pessachhallel (Ps 113) beendet wurde, zu dem der zweite Becher (Haggadabecher) getrunken wurde. Danach wurde mit einer Benediktion über dem Brot (Mazzen) die Hauptmahlzeit (Mazzen, Pessachlamm, Bitterkräuter, Fruchtmus) eröffnet, sie wurde beendet mit einem Nachtischgebet über dem dritten Becher (Segensbecher). Abschließend wurde über dem vierten Becher (Hallelbecher) der zweite Teil des Pessachhallels (Ps 114–118) gesungen. (Klinghardt 1996, 179).

Ohne Analogie zu paganen Mahlen ist dabei nur die Pessachhaggada zwischen Vorspeise und Hautgericht. Der erste Weinbecher entspricht dem *mulsum* zur Vorspeise, der dritte Becher (Segensbecher) zum Abschluss des Nachtisches entspricht den Mahlabschlusslibationen mit dem Paian. Der zweite Teil des Hallels mit dem Hallelbecher entspricht dem Trinkkomment mit dem Skoliengesang.

Das Verb עבד bzw. das Substantiv עֲבוֹדָה ist ein Hauptbegriff für den Gottesdienst im Alten Testament. Die Septuaginta übersetzt für den profanen Bereich mit ἐργάζεσθαι und δουλεύειν, für den kultischen Bereich mit λατρεύειν bzw. λατρεία. Λειτουργεῖν bzw. λειτουργία ist der Fachausdruck für den priesterlichen Opferkult. In diesem ggf. übertragenen Sinn wird der Begriff im Neuen Testament verwendet.

Die drei Institutionen der jüdischen Religion – Tempel als Ort der Opferdarbringung, Synagoge als Ort der Unterweisung, Haus als Ort der Torafrömmigkeit und des Gebets – haben im Kontext der hellenistischen Kultur wesentlich zur Entwicklung des christlichen Gottesdienstes beigetragen (z. B. das Gemeinschaftsmahl).

2.2.3 Das Abendmahl/die Eucharistie

Viele Forscher legen dar, dass sich der christliche Gottesdienst im Wesentlichen aus den Gemeinschaftsmahlen entwickelt hat. (Körtner 2017, Hellholm/Sänger 2017). Jesus kam mit seinen Jüngern und mit anderen Menschen zu Gemeinschaftsmahlen zusammen (Mk 2,16; Mt 11,19; Lk 7,34; Mk 6,32–44 par, Mk 9,1–9 par, Mt 9,9–13, Mt 15,32–39, Joh 6,5–13). Die Gemeinschaftsmahle haben zur Entwicklung des Abendmahls und der liturgischen Abendmahlsfeier wesentlich beigetragen, wobei dem Letzten Abendmahl Jesu mit seinen Jüngern (Mt 26,26–29; Mk 14,22–26; Lk 22,14–20) eine besondere Bedeutung zukommt. Das lässt sich an Paulus und seiner Auseinandersetzung mit den korinthischen Streitigkeiten gut zeigen.

Die paulinischen Gemeinden versammelten sich am Abend in Privathäusern. Solch eine Zusammenkunft wurde mit einem Deipnon (Gemeinschaftsmahl) eröffnet, dann folgte eine Unterredung (Symposion) (→ 2.2.2, S. 22). Diese Struktur zeigt sich bei Paulus in 1Kor 11–14, seinem ausführlichsten gottesdienstlichen Text. Kap. 11 behandelt das Deipnon, Kap. 12 bis 14 das Symposion. Beim Deipnon geht es um das alle sättigende gemeinsame Essen, das Paulus als die Gemeinschaft im Leibe Christi versteht. Auch die hellenistischen Gemeinschaftsmahle sollten die Gemeinschaft unter den Teilnehmenden stärken. Dieser Aspekt wird bei der Austeilung von Brot und Wein mit der Rezitation von Jesu eigenen Worten verdeutlicht. Diese Worte zeigen ebenfalls das Deipnon noch an, selbst wenn die Evangelisten Matthäus und Lukas das Pessachmahl im Blick haben, denn es wird (auch) Brot gegessen und mit dem Kelch abgeschlossen: »Desgleichen nahm er auch den Kelch nach dem Mahl ...« (1Kor 11,25).

Nach dem Deipnon geht es beim Symposion um verschiedene Themen, z. B. um die Geistesgaben, um viele Glieder, aber einen Leib, um den Weg der Liebe, das Zungenreden und die prophetische Rede etc. »Wenn ihr zusammenkommt, so hat ein jeder einen Psalm, er hat eine Lehre, er hat eine Offenbarung, er hat eine Zungenrede, er hat eine Auslegung. Lasst alles geschehen zur Erbauung!« (1Kor 14,26). Paulus weicht vom üblichen hellenistischen Symposionsbrauch ab, indem er auch Frauen zum Symposion zulässt. Auch sie sollen an der Lehre und Erbauung teilhaben. In Eph 5,18–22 ist ebenfalls eine Darstellung einer paulinischen Gemeindeversammlung als Symposion zu finden, allerdings wird hier das Deipnon nicht erwähnt. Von einer Leitung des Deipnons oder des Symposions spricht Paulus nicht. Allenfalls kann der Gastgeber als Leiter eines Deipnons und Symposions angenommen werden; Paulus betont aber, dass es der Heilige Geist ist, der leitend wirkt. Die paulinischen Gemeinden sind charismatische Hausgemeinden. »Zusammenfassend kann festgehalten werden, daß Paulus in gottesdienstlicher Hinsicht weder den jüdischen Kult noch den Jerusalemer Tempel ersetzt. Weder liturgische noch kultische Elemente lassen sich in den paulinischen Angaben zur gottesdienstlichen Frömmigkeit der Gläubigen nachweisen. Hingegen führt er Juden und Heiden, die an Christus glauben, zu einer in Christus fundierten, zentrierten und orientierten gottesdienstlichen Praxis, die im Rahmen traditioneller, jüdischer Hausfrömmigkeit eigenwillig und innovativ gelebt und ausgestaltet wird. Doch die Latreia, die Israel gehört (Röm 9,4), wird durch diese Hausversammlungen nicht ersetzt.« (Wick 2002, 241).

Finden sich bei Paulus bzw. im Gemeinschaftsmahl das Abendmahl und die Lehrunterweisung (biblische Lesung und Predigt) wieder, so hat Paulus auch den Tempelkult als dritte Institution nicht vergessen. Mehrfach verwendet er den Opferkult als Vergleich oder Metapher. Zum Beispiel vergleicht er die Gabe, die die Philipper ihm schenkten, mit einem Gott wohlgefälligen Schlachtopfer (Phil 4,18). Das Schlachtopfer verströmt einen lieblichen Geruch, der aufsteigt und Gott wohlgefällt (Phil 4,19), damit bezeichnet Paulus den guten Lebenswandel der Philipper. Und wenn Paulus in seiner Gefangenschaft hingerichtet werde, dann sei sein Tod ein Trankopfer (Phil 2,17 σπένδομαι ἐπὶ τῇ θυσίᾳ), das über den Glauben der Philipper ausgegossen werde. Hier und in weiteren Texten stellt Paulus Opferkultvergleiche her, um den christlichen Lebenswandel zu thematisieren, der sich im Gehorsam und in der Hingabe an Gott zeigt. In diesem Sinne wird der ethische Teil des Römerbriefs (Röm 12,1–15,13) mit einer starken Kultmetapher eingeleitet: »Ich ermahne euch nun, liebe Brüder, durch die Barmherzigkeit Gottes, daß ihr eure Leiber darbringt (παραστῆσαι τὰ σώματα) als lebendiges und heiliges Schlachtopfer (θυσίαν ζῶσαν ἁγίαν), das

Gott wohlgefällig ist (εὐάρεστον τῷ θεῷ). Das sei euer vernünftiger Opfergottesdienst (τὴν λογικὴν λατρείαν ὑμῶν).« (Wick 2002, 180) Diese vielleicht kühnste Kultmetaphorik (ein lebendiges Schlachtopfer ist ein Widerspruch in sich selbst!) zeigt, dass Paulus den Opferkult nicht ersetzen oder mit dem Lebenswandel gleichsetzen will, stattdessen will er den an Christus orientierten Lebenswandel in seiner einzigartigen Bedeutung und Wichtigkeit hervorheben und verwendet dafür die einzigartige Bedeutung des Opferns am Tempel. (Wick 2002, 180ff).

Auch den Erlösungsglauben kann Paulus mit der Kultmetaphorik verdeutlichen. In Röm 3,25f schreibt er, dass Gott Christus als *hilasterion* öffentlich hingestellt hat. Hilasterion ist die Septuagintaübersetzung für die Kapporet, den goldenen Deckel der Bundeslade. Der Hohe Priester sprengte an Jom Kippur Blut auf diesen Deckel, um Sühne zu erwirken. Dieser wohl heiligste Gegenstand des Tempels und Opferkultes wird von Paulus mit dem Opfertod Jesu verglichen und damit wird die sühnende Wirkung des Todes Jesu beschrieben. Auch in diesem Vergleich wird der Opferkult nicht ersetzt, da schon der Vergleich nicht vollständig stimmig ist. Denn wenn Christus das Hilasterion ist, wird er selbst mit seinem eigenen Blut besprengt. Zudem gab es im Zweiten Tempel zur Zeit des Paulus die Bundeslade und damit das Hilasterion nicht mehr. Gleichwohl hat Paulus diesen Vergleich angestellt, vielleicht, um damit einen Mangel zu beheben, den der Zweite Tempel hatte. »Christus ersetzt nicht den Jerusalemer Tempelkult, sondern er hebt einen zentralen Mangel darin durch seine Person auf. Wenn die Kapporet nach alttestamentlicher Tradition den Ort der Versöhnung und damit den Kern des Kultes überhaupt darstellt, würde durch und mit Christus das Fehlen dieses Kerns im zeitgenössischen Kult behoben.« (Wick 2002, 178).

Ein anderes Bild, das Paulus zur Erläuterung eines christlichen Lebenswandels heran zieht, ist der Vergleich des Tempels mit dem Leib eines Christen (Röm 6,19; 1Kor 3,16f, 2Kor 6,16). Der Tempel ist das Haus, in dem Gott wohnt, und so wohnt im Leib des Christen der Heilige Geist. In den hier genannten Beispielen (weitere bei Wick 2002, 168–193) geht es Paulus um den richtigen Lebensvollzug als Christusnachfolge, der zu einem gottgewollten Gottesdienst wird. (Wick 2002, 192). Während Paulus den christlichen Lebenswandel meist mit Schlachtopfern vergleicht, vergleicht er seinen eigenen Dienst am Evangelium mit dem Dienst der Priester bzw. Kultdiener am Tempel (Röm 15,15f [Zürcher 2007]): »Ich tue dies aufgrund der Gnade, die mir von Gott zuteil wurde, der Gnade nämlich, ein Kultdiener zu sein des Christus Jesus (λειτουργὸν Χριστοῦ Ἰησοῦ) für die Völker und als solcher das Evangelium Gottes als heilige Handlung (ἱερουργοῦντα τὸ εὐαγγέλιον τοῦ θεοῦ) zu vollziehen; so soll die Darbringung (προσφορὰ) der Völker, geheiligt durch den heiligen Geist, Gottes Wohlgefallen finden.« (Wick 2002, 175).

2.2.4 Die Taufe

Für die Gestaltung der Taufe gibt es im NT keine Anweisungen oder Hinweise, obwohl oft von Taufe und ihrer Bedeutung die Rede ist. Wesentliche Texte dazu sind die Taufe Jesu durch Johannes den Täufer (Mk 1,9–11; Mt 3,13–17; Lk 3,21f; Joh 1,29–34) sowie Röm 6 (Taufe als mit Christus gestorben und auferstanden sein), dann auch Apg 2,38 (Bedeutung der Taufe) und Apg 8,36–38 (Philippus tauft den Kämmerer aus Äthiopien).

Die Didache (um 100 n. Chr.) gibt im siebten Kapitel einige wenige Hinweise zur Taufpraxis: Getauft wird mit der trinitarischen Taufformel (Mt 28,19b) in fließendem Wasser durch Eintauchen oder dreimaliges Übergießen des Kopfes. Vor der Taufe soll der Täufling fasten. Justin der Märtyrer schreibt um 153/154 n. Chr. in seiner ersten Apologie (Kap. 61), dass der Taufanwärter versprechen muss, christlich zu leben. Die Vorbereitung auf den Taufakt erfolgt mit Beten und Fasten. Dann wird im Wasser mit der trinitarischen Formel getauft. Das Taufbad wird als Wiedergeburt und Erleuchtung gedeutet.

Syrische Quellen aus dem 3. und 4. Jh. zeigen ein vollständigeres Bild der Taufe, das direkt an die Taufe Jesu, wie sie die Evangelien beschreiben, bzw. an die Johannestaufe anknüpft. Tauch- oder Reinigungsbäder waren im Judentum gebräuchlich, so führte z. B. die Gemeinschaft von Qumran Tauchbäder durch (1QS 3,6–9, bes. 9 [zit. nach Lohse 1971, 11]: »daß man ihn mit Reinigungswasser besprenge und daß er sich heilige durch Wasser der Reinheit«), um kultisch rein zu sein. Ein Reinigungsbad hatten Proselyten zu absolvieren, wenn sie zum Judentum übertraten. Johannes der Täufer führte seine Taufen im Jordan als prophetische Zeichenhandlung durch, weil das Himmelreich nahe herbeigekommen ist und Gott Gericht halten wird (Mt 3,2). Er predigte östlich des Jordans, an der Grenze zwischen Wüste und verheißenem Gottesland. So wurde der Eintritt in das verheißene Land durch die Taufe im Jordan – also auf der Grenze – vollzogen als Antizipation der verheißenen Zukunft im gelobten Land. Auch die Taufe Jesu erfolgte durch Johannes im Jordan (Mk 1,9–11 par). Jesus hat dabei eine Vision: Er sieht den Himmel offen und den Geist auf sich herabkommen. Jesus hat zudem eine Audition, er hört eine Stimme aus dem Himmel, die ihn als den königlichen Messias proklamiert.

Die von Johannes angekündigte Geisttaufe hat sich ereignet und Jesus führt in das Reich Gottes ein, denn durch ihn bricht im gelobten Land in Predigt, Wunderheilungen, Exorzismen etc. das Reiches Gottes an.

Die darauf fußende Tauftradition findet sich in verschiedenen Quellen der syrischen Tradition (Thomasakten [Anfang 3. Jh.], syrische Johannesakten [4. Jh.], syrische Didaskalie). Die Thomasakten Kap. 27 und 157f geben folgenden Verlauf wieder: Zuerst wird das Haupt der zu Taufenden gesalbt und dann der ganze Körper, dann folgt die Wassertaufe mit trinitarischer Taufformel, anschließend findet eine Taufeucharistie statt. Die Salbung entspricht der Salbung Christi durch die Herabkunft des Heiligen Geistes, die Wassertaufe ist die Wiedergeburt zu einem neuen Menschen (Joh 3,5), und die Taufeucharistie stellt das gelobte Land dar. »Wie Christus bei seiner Taufe zum messianischen König gesalbt worden ist, so bei seiner Taufe auch der Christ: Er hat teil an der messianischen Würde Christi, wird selbst zum Gesalbten, wird zum Bruder bzw. zur Schwester Christi, indem er an dem Geist teilhat, der auf Christus geruht hat.« (Meßner 2003, 89).

Ganz anders ist dagegen die Tradition, die mit Röm 6 auf Paulus zurückgeht: Zuerst wird die Wassertaufe vollzogen, es folgt ein Gebet zur Geistverleihung mit Handauflegung, danach wird die Taufeucharistie gefeiert. Der zu Taufende wird in Christi Tod und Auferstehung getauft, um einen Herrschaftswechsel zu vollziehen: Der Täufling verlässt sein bisheriges Leben, seine von Götterverehrung und dämonischen Mächten besessene Welt, um nun durch die Taufe ein Leben in Christus zu leben. Er verlässt die alte Gesellschaft, um in der neuen Gesellschaft der Kirche zu leben. Das Taufbad wird sowohl als Reinigung und zum Zweck der Sündenvergebung beschrieben wie auch als eine Wiedergeburt aus Wasser und Geist. Als Vorbereitung auf die Taufe lässt sich seit der Mitte des 2. Jh.s ein institutionalisiertes Katechumenat nachweisen. Zuerst wird der Taufanwärter unterrichtet und übt sich ein in die christliche Lebensführung; dieser Prozess kann Jahre dauern. Nach Gebeten, Exorzismen und bestandener Prüfung (scrutinium) folgt das Photizomenat, die unmittelbare Vorbereitung auf die Taufe. Tertullian (De baptismo, 2. Jh.) in Nordafrika und Ambrosius (De sacramentis, spätes 4. Jh.) in Mailand schildern den Taufgottesdienst recht ähnlich; der Ablauf ist dreiteilig: Teil 1 stellt die Bereitung des Taufwassers und des Täuflings dar: das Taufwasser wird geweiht, es folgt eine Ganzkörpersalbung (nur bei Ambrosius), dann die Abrenuntiation (Absage an den Teufel und an alles Böse), Wassertaufe mit Tauffragen nach dem Glauben an den Vater, Sohn und Heiligen Geist; nach jedem Bejahen folgt ein Wasseruntertauchen (bei Ambrosius). Teil 2 stellt die Besiegelung der Taufe dar: Salbung des Hauptes, Fußwaschung und Lesung von Joh 13 (bei Ambrosius), Anlegen des weißen Taufkleides (bei Ambrosius), Stirnsignierung mit dem Zeichen des Kreuzes (bei Tertullian), Gebet um Geistverleihung unter Handauflegung, Stirnsignierung mit dem Zeichen des Kreuzes (bei Ambrosius). Teil 3 stellt den Getauften als Gemeindeglied dar: Man tauscht den Friedenskuss und feiert die Taufeucharistie.

Zu beobachten ist im 4. Jh., dass die biblischen Texte (nicht nur für die Taufe, sondern sowohl für den Gottesdienst als auch für das christliche Leben im Allgemeinen) mehr und mehr zur Richtschnur werden, so dass sich auch die syrische Tradition immer mehr dieser Tradition anpasst, die sich an Röm 6 orientiert.

An beiden Tauftraditionen ist allerdings ersichtlich, dass Taufbad und Geistverleihung durch Handauflegung unmittelbar zusammengehören. Wenn dies nicht gemeinsam geschehen ist, wie in Apg 8,4–25, bes. 14–17, wird die Handauflegung zur Geistverleihung nachgeholt, oder wenn der Heilige Geist bereits auf Menschen gekommen ist, wie in Apg 10,44–48 beschrieben, aber das Taufbad fehlt, dann wird dies nachgeholt.

Der Akt der Geistverleihung mit Handauflegung und Stirnsignierung mit Chrisam war dem Bischof vorbehalten. Das blieb auch so, als der Bischof nicht mehr der »Stadtpfarrer« war, sondern einer Diözese vorstand, und Presbyter bzw. Priester als »Gemeindepfarrer« die Taufe vornahmen. So konnte es sein, dass zwischen Taufe durch einen Presbyter und Firmung durch den Bischof Wochen oder gar Jahre liegen konnten. In der westlichen Tradition hat sich daraufhin die Firmung bzw. Konfirmation verselbstständigt und wird heute in der Jugendzeit durchgeführt. Diese Entwicklung wurde auch durch die Unmündigentaufe begünstigt, als Mündige sollten die Getauften nun die Konfirmation bzw. Firmung feiern können. Mit der Konfirmation blieb sodann auch die Zulassung zur Kommunion verbunden. Überhaupt ist trotz erheblicher gesellschaftlicher und kirchlicher Veränderungen die Taufliturgie insofern erhalten geblieben, als sie, die ja für Erwachsene entstanden war, umstandslos auch auf Säuglinge angewendet wurde. Da Erwachsene vor dem Taufakt gefragt wurden, ob sie getauft werden wollen und ob sie an Gott glauben, wurden diese Fragen auch den Säuglingen gestellt, aber von den Paten an ihrer statt beantwortet. Diese Ordnungen sind bis ins 20. Jh. erhalten geblieben, erst die Lutherische Taufagende von 1988 hat die Frage an die Säuglinge, ob sie glauben, aufgegeben. (Neijenhuis 2008, 153f). Die aus der Frühzeit der Kirche heraus entstandene Taufliturgie ist ebenfalls beibehalten worden, obwohl mit der Taufe kein Kulturwechsel mehr vollzogen wurde: Zum einen kann ein Kulturwechsel nicht auf Säuglinge übertragen werden, zum anderen wurden nun Säuglinge, Kinder oder Erwachsene nicht mehr in eine Gegenwelt hineingetauft, sondern man wurde durch die Taufe sozusagen auf diese Welt hin initiiert, da seit der Konstantinischen Wende im 4. Jh. Gesellschaft und Kirche zunehmend eine Einheit bildeten. Entsprechend verfiel das ausgedehnte Katechumenat und erst recht das Photizomenat.

In der östlichen Tradition bleibt unverändert die Trias von Taufe, Salbung und Kommunion als ein Akt erhalten; auch Säuglingen wird die Kommunion gereicht.

2.2.5 Gebete und andere gottesdienstliche Sprechformen

Im NT lassen sich ganz unterschiedliche Gebetsformen erkennen: das Vaterunser (Mt 6,9–13; Lk 11,2–4), Gebete bzw. Gesänge, die Lob, Bitten und Dank ausdrücken (1Tim 2,1), Psalmen (1Kor 14,26), Hymnen und geistliche Lieder (Eph 5,19; Kol 3,16); daneben auch direkt sprachlich aus dem Judentum übernommen die Gebetsaufforderung *Halleluja (hebr.: Lobet JHWH)*, der Gebetsruf *Hosianna (hebr.: hilf doch!)* oder *Maranatha (aramäisch: unser Herr, komm!)*, die Responsionsformel *Amen (hebr.: gewiss! oder: so sei es!)*. Hinzu kommen Doxologien (Röm 11,36; 1Tim 1,17), Bekenntnisse in liturgischer Form (1Tim 6,15f), ursprünglich jüdische, nun liturgisch erweiterte Segensformeln (Röm 1,7b; 1Kor 1,3; 16,23f; Gal 6,18 etc.) sowie die Psalmen Lk 1,46–55 (Magnificat), Lk 1,68–79 (Benedictus), Lk 2,29-32 (Nunc dimittis) und die Christuspsalmen Phil 2,6–11; Kol 1,15–18; 1Tim 3,16; Hebr 1,3f; Joh 1,1–18; 1Petr 2,21–25 (vgl. auch den Brief des Ignatius von Antiochien an die Epheser 7,2; 18,2; 19,2f). Der Kolosser- und der Epheserbrief weisen eine stark liturgisch stilisierte Sprache auf, so dass hier die gottesdienstliche, liturgische Prägung erkennbar ist. Gott wird ein nie endendes Lob zuteil (Offb 4,8–11), das seine Mitte im Sanctus (Jes 6,3) findet. Dem Sanctus schließt sich ein neues Lied an (Offb 5,9). Ein gottesdienstliches Fürbittengebet findet sich schon im ersten Klemensbrief 59,2–61,3 (zu den Eucharistiegebeten → 2.3.2, S. 42).

2.2.6 Ämter und liturgische Textilien

Ämter und Dienste werden im NT vielfältig genannt, wenn auch nicht immer klar erkennbar ist, welche Aufgaben damit verbunden waren und ob sie auf den Gottesdienst und seine Liturgie bezogen waren. Da sich die ersten Christen in Hausgemeinden versammelten, hatte nach hellenistischem Brauch der Hausvater den Vorsitz inne, wenn zu Deipnon und Symposion geladen war

(1Kor 16,15f; Röm 16,23). Das könnte auch auf Frauen zutreffen, da Paulus Phöbe nennt, die den Dienst an der Gemeinde in Kenchreä versah (Röm 16,1). Dass auch Wanderprediger bzw. Wandermissionare den Vorsitz der Versammlungen innehaben konnten, kann man an Paulus erkennen, der bei der Versammlung in Troas offenbar die Eucharistiefeier leitete (Apg 20,11). Paulus zählt in 1Kor 12,4–10 als »Ämter« jene auf, die über Wunderkräfte und Heilungsgaben verfügen, die Leitungsaufgaben innehaben, die Glossolaliker sind und der Ausleger bedürfen, und jene, die die Geister unterscheiden können. In den weiteren, auch nichtpaulinischen Briefen werden oftmals Apostel, Propheten und Lehrer genannt.

Mit der Wende zum 2. Jh. zeigt sich das Bestreben, die Gemeindeleitung und die Verantwortung für die Lehre in eine Hand zu legen. Hatte die Didache noch damit gerechnet, dass Propheten der eucharistischen Versammlung vorstehen und die Gebete sprechen, so ist es doch bezeichnend, dass sie zugleich dazu ermahnt, sich Bischöfe und Diakone zu wählen: »Wählt euch nun Bischöfe und Diakone (...) Sie leisten euch nämlich ebenfalls den Dienst von Propheten und Lehrern.« (Didache 15,1–2; Wengst 2004, 89).

Aus der Vielzahl von Ämtern und Diensten entwickelte sich für die Gemeindeleitungen eine Trias von Bischöfen, Presbytern und Diakonen. Ignatius von Antiochien (gest. vor 117) betont in seinem Brief an die Smyrnäer (8,1–2), dass die Rechtmäßigkeit der Eucharistiefeier vom Bischof abhängig ist: »Folgt alle dem Bischof wie Jesus Christus dem Vater, und dem Presbyterium wie den Aposteln; die Diakone aber achtet wie Gottes Gebot! Keiner soll ohne Bischof etwas, was die Kirche betrifft, tun. Jene Eucharistiefeier gelte als zuverlässig, die unter dem Bischof oder einem von ihm Beauftragten stattfindet. Wo der Bischof erscheint, dort soll die Gemeinde sein, wie da, wo Christus Jesus ist, die katholische Kirche ist. Ohne Bischof darf man weder taufen, noch das Liebesmahl halten; was aber jener für gut findet, das ist auch Gott wohlgefällig, auf daß alles, was ihr tut, sicher und zuverlässig sei.« (Fischer 2004, 211).

Die Bischöfe gelten als Nachfolger der Apostel, weil sie durch Handauflegung zum Bischof geweiht wurden, denn sie können die Kette der Handauflegungen bis zu den Aposteln zurückverfolgen (Amtssukzession). Diese Ämterstruktur gilt bis heute in den Ostkirchen, der römisch-katholischen Kirche, der anglikanischen und altkatholischen Kirche.

Die Bischöfe leiten in den nachfolgenden Jahrzehnten nicht nur eine Gemeinde, sondern stehen vielen Gemeinden einer Provinz vor, so dass die Presbyter (eingedeutscht wird daraus Priester) einzelne Gemeinden leiten. Die Diakone stehen dem Bischof zur Seite als Helfer, wenn es darum geht, die eucharistischen Gaben bereitzustellen und dann später an die Kommunikanten auszuteilen. Sie nehmen die Aufgaben der Vermögensverwaltung und der Armenfürsorge wahr. Es bilden sich dann noch zahlreiche Ämter und Dienste aus: Subdiakone (Unterdiakone), Akolythen (Diener), Lektoren (Vorleser), Ostiarier (Türwächter), Exorzisten (Beschwörer), Confessores (Bekenner), Viduae (Witwen), Virgines (Jungfrauen). Die *Traditio Apostolica* 9–14 legt Wert auf die Feststellung, dass diese Ämter und Dienste, also außer Bischof, Presbyter und Diakon, nicht in der apostolischen Sukzession stehen und nicht durch Handauflegung geweiht werden.

Mit den Ämtern entstand eine besondere liturgische Kleidung. Aus der römischen Tunica, einem langen leinenen Untergewand mit Ärmeln, entwickelte sich die Albe, die als Taufgewand gedeutet wird. Über der Tunica wurde im römischen Reich die Toga getragen, aus der die Kasel als Übergewand hervorging, die heute als typisches Messgewand angesehen wird. Zum Amtszeichen des römisch-katholischen Priesters hat sich die Stola entwickelt, die meist über der Albe und unter der Kasel, manchmal auch über der Kasel getragen wird. Sie kann auch über der Alltagskleidung des Priesters getragen werden, wenn er in seinem Amt tätig wird, wie z. B. bei einer Krankenkommunion. Weitere Insignien sind entstanden für besondere Klerusränge, wie z. B. für den Bischof oder den Papst. Die reformierten Reformatoren haben diese liturgische Kleidung wie auch die Messe insgesamt abgelehnt; noch heute wird in vielen reformierten Kirchen der Gottesdienst durch eine Pfarrperson in weltlicher Kleidung, meist einem schwarzen Anzug, geleitet. Luther hat der liturgischen Kleidung keine große Bedeutung beigemessen, vielfach ist sie in den Pastoraten auch im Dreißigjährigen Krieg zerstört worden. Für die evangelische Tradition ist dann die Initiative des preußischen Königs Friedrich Wilhelm III. (1797–1840) prägend geworden, der den noch heute üblichen schwarzen Talar mit weißem Beffchen einführte. Er nahm dafür das Gelehrtengewand als Vorbild, in dem Luther abgebildet worden war. Im 19. Jh. hat sich Wilhelm Löhe (1808–1872) um die Paramente für Altar, Ambo und Kanzel verdient gemacht, die heute in fast allen evangelischen Kirchen in Deutschland als selbstverständlich angesehen werden.

2.2.7 Hauskirche und Kirchengebäude

Die ersten christlichen Gemeinden haben sich in Privathäusern versammelt, die für ihre Zusammenkunft geeignet und groß genug waren. In Apg 2,46 wird berichtet, dass Christen im Tempel zusammenkamen, wahrscheinlich zum Gebet, und in den Häusern (κατ᾽ οἶκον) zum Brotbrechen. In Apg 12,12 wird das Haus der Maria, der Mutter von Johannes Markus, erwähnt, zu dem Petrus ging, als er wundersamerweise aus dem Gefängnis befreit worden war. Dort hatte man sich nachts zum Gebet eingefunden. In Troas predigte Paulus abends in einem Obergemach im dritten Stock (Apg 20,8), was darauf hinweist, dass selbst größere Wohnräumlichkeiten, die über einen Saal verfügten, für die gemeindliche Zusammenkunft nicht ausreichten. Nach der Predigt wurde dort auch die Eucharistie gefeiert. Paulus scheint in Ephesus einen Saal in der Schule des Tyrannus gemietet zu haben, um zu predigen (Apg 19,9), weil wahrscheinlich die Zahl der Christen zu groß war, um noch in einem Privathaus unterkommen zu können.

In der hellenistischen Welt bedeutete eine ἐκκλησία (*ekklesía*) eine öffentliche politische Versammlung auf öffentlichen Plätzen, insbesondere die Volksversammlung der πόλις (*polis*). »'Εκκλησία meint also nicht eine Gruppe von Menschen, sondern einen besonderen Akt dieser Gruppe, oder besser: dieser Gesellschaft, eben ihre politische Versammlung mit dem Herrscher bzw. dessen Repräsentanten, in der dieser seinen Willen kundgibt und die πόλις ihm akklamiert.« (Meßner 2005, 355). Mit besonderer Bedeutung wird im NT die Versammlung der Christen ἐκκλησία genannt, in Röm 16,5; Kol 4,15 wird die Formel ἡ κατ᾽ οἶκον ἐκκλησίαν meist mit Hausgemeinde oder Hauskirche übersetzt. Denn die Zusammenfügung von οἶκος (*oikos*) und ἐκκλησία (*ekklesía*) ist eigentlich ein Oxymoron, weil ein privates Haus kein Ort für eine öffentliche Versammlung war. An diesem Oxymoron wird aber die besondere Bedeutung der Ausübung des christlichen Glaubens deutlich: »Die paulinischen Hausgemeinden, die sich in privaten Räumlichkeiten versammelten, verstanden sich als öffentliche Versammlungen, als politische Volksversammlungen der himmlischen Stadt, aber nicht im Rahmen hellenistisch-gesellschaftlicher Öffentlichkeit, sondern als Gegenöffentlichkeit, deren symbolischer Ort, wo immer man sich traf, das in der Gemeinde präsente, von der Gegenwart des Geistes Gottes bestimmte himmlische Heiligtum ist.« (Meßner 2005, 360).

Eigene Gebäude für die gottesdienstliche Versammlung sind zum Ende des 2. Jh.s bzw. zu Beginn des 3. Jh.s bezeugt. Klemens von Alexandrien setzt sich damit kritisch auseinander, Tertullian kritisiert die Künstler, die meinen, ein *domus dei* gestalten zu können, Hippolyt nennt das Gebäude ebenfalls οἶκος θεοῦ (*oikos theú* – Haus Gottes), Origenes spricht von *domus ecclesiae*, also vom Haus der Gemeinde (Meßner 2005, 361f). Die älteste literarische Bezeugung eines Kirchengebäudes findet sich in der Chronik von Edessa für das Jahr 201, als die Kirche durch eine Überschwemmung Schaden genommen hatte. Archäologisch ist ein Gemeindehaus bzw. ein Kirchengebäude in Dura Europos nachgewiesen, einer Militärstadt an der östlichen Reichsgrenze (Syrien). Ein Wohnhaus, das vermutlich um 232 errichtet wurde und aus mehreren Räumen um ein Atrium herum bestand, wurde um 240 in ein *domus ecclesiae* umgewandelt. Dazu wurde eine Mauer, die das Triclinium vom Nebenraum abgrenzte, beseitigt, so dass ein großer Versammlungssaal mit 65 qm entstand. An der Ostseite dieses Raums findet sich ein Podium, auf dem sich die Kathedra des Bischofs, ein Ort für die Schriftlesung und ein Altar befunden haben könnten. An der nordwestlichen Seite des Atriums befand sich in einem Raum ein Baptisterium, eine Wanne lässt sich als Taufbecken deuten, darüber eine Zimmerdecke als Gewölbe. Die Wandmalereien (die ältesten erhaltenen des Christentums) zeigen die liturgische Verwendung des Hauses. In diesem Versammlungssaal standen keine Klinen mit Tischchen mehr, sondern es waren Sitz- und Stehplätze vorhanden, wie die Didaskalie Kap. 12 beschreibt (Meßner 2005, 363f, dort auch seine Übersetzung). Die Versammlung war nach Osten ausgerichtet, der Bischof und seine Presbyter saßen an der Ostseite des Raumes. Eusebius (Kirchengeschichte Kap. 8,5) berichtet für das 3. Jh., dass die bisherigen Räumlichkeiten für die gottesdienstlichen Versammlungen nicht mehr ausreichten, so dass man begann, neue und geräumige Kirchen zu bauen. Gut erkennbar ist diese Art von Kirchenbauten an der Hauskirche von Qirgbiza (Syrien), in der Mitte des Versammlungsraums ist das Bema (Podest) für den Abendmahlstisch noch gut erkennbar.

Nach der Konstantinischen Wende 313 begann – auch durch Kaiser Konstantin selbst – ein Kirchenbauprogramm, das die Basilika zum dominierenden Kirchenbautyp machte. Im römischen Reich waren Basiliken mehrschiffige Hallen, die als Markt- oder Gerichtsgebäude dienten. Nach diesem Baumuster entstanden nun christliche Basiliken in Jerusalem, Bethlehem, wahrscheinlich auch in Konstantinopel; in Rom wurden prächtige Kirchen im basilikalen Stil erbaut: z. B. die Lateransbasilika (312–320), Alt-St. Peter (um 320), Sankt Paul vor den Mauern (geweiht vermutlich 324). Es handelt sich um fünfschiffige, von Säulen getragene Bauten, denen ein Querhaus mit einer Apsis vorgelagert ist. In der Apsis nahmen der Bischof und die Presbyter Platz, vor ihnen stand der Altar und sie blickten zur Gemeinde hin. So war auch eine Basilika des Kaisers angeordnet – wenn auch ohne christlichen Altar. Er hatte in der Apsis seinen Thron und blickte zum Volk bzw. das Volk schaute zu ihm hin. In Trier kann noch heute die Konstantinsbasilika besucht werden, die Kaiser Konstantin zwischen 305 und 312 errichten ließ, um darin Hof zu halten, Huldigungen entgegenzunehmen und auch Recht zu sprechen. Seit dem 19. Jh. wird sie als evangelische Kirche genutzt (genau genommen handelt es sich bei diesem Bau gar nicht um eine Basilika, sondern um einen Hallenraum, da es keine von Säulen abgegrenzten Seitenschiffe gibt). Neben solchen Langbauten wurden auch Zentralbauten errichtet, wie z. B. die Hagia Sophia (532–537) im damaligen Konstantinopel, heute Istanbul, unter Kaiser Justinian. Hier wurden Längsbau und Zentralbau miteinander verbunden. Die Mitte ist – zumindest angedeutet – ein Rund (eigentlich ein Rechteck), das mit einer Kuppel gekrönt ist. Die Kuppel ist weithin sichtbar. Im Inneren der Hagia Sophia sind mehrere Kuppeln und Rundbögen zu sehen, so dass sich die Anmutung eines Rundbaus einstellt. Dem Rund ist eine »Apsis« vorgebaut, in der der Bischofsthron stand. Daran erkennt man den Längsbau. Die Hagia Sophia ist 82 m lang und 72 m breit, so dass sie sich von außen gesehen als ein quadratischer Bau zeigt, der dank der Kuppel wie ein Rundbau aussieht. Das architektonische Vorbild für Rundbauten bildeten pagane Tempel wie das römische Pantheon, das – zur Kirche umgewidmet – bis heute erhalten ist.

Der christliche Gottesdienst hat sich aus den Gemeinschaftsmahlen (δεῖπνον und συμπόσιον) entwickelt. Ausgehend vom δεῖπνον entwickelte sich das Herrenmahl, vom συμπόσιον Predigt und Unterweisung.

Für die Taufe lassen sich zwei Traditionen feststellen: Die syrische Tradition knüpft an die Taufe Jesu an. Der Getaufte erhält wie Christus bei seiner Taufe Anteil an dem Geist, der auf Christus herniederkam. Die paulinische Tradition sieht den Getauften als mit Christus gestorben und auferstanden an. Die neu Getauften werden in Christus inkorporiert durch die Trias von Taufbad, Geistverleihung mit Salbung, Taufeucharistie. Der Getaufte ist volles Mitglied der Gemeinde/Kirche und nimmt am vollständigen Gottesdienst teil.

Aus den frühchristlichen Quellen lassen sich liturgische Formen erkennen, die bis heute gebräuchlich sind: Vaterunser, Psalmen, geistliche Lieder; Rufe wie Halleluja, Hosianna, Amen.

Ämter und Dienste, die sich an der Feier der Gottesdienste beteiligten, werden im NT vielfältig genannt. Seit dem 2. Jh. setzt sich für die Leitung der Liturgie die Trias von Bischof, Presbyter (Priester) und Diakon durch. Bischöfe gelten als Nachfolger der Apostel und werden mit Handauflegung geweiht (Amtssukzession).

Dazu entwickelten sich eine liturgische Kleidung und Textilien auch für den Altar etc. Die Reformation hat in unterschiedlichem Grad diese Tradition abgelehnt; evangelische Geistliche tragen in Deutschland einen schwarzen Talar, und Paramente sind seit dem 19. Jh. allgemein üblich.

Fanden die Gottesdienstfeiern zunächst in Privathäusern statt, können seit dem 2. Jh. eigenständige Kirchbauten nachgewiesen werden. Nach der Konstantinischen Wende werden zahlreiche Kirchen gebaut; der Bautyp orientiert sich vorrangig an der Basilika.

2.2.8 Der Sonntag

An welchem Tag und zu welcher Tageszeit die ersten Christen ihren Gottesdienst gefeiert haben, geht nicht eindeutig aus dem NT hervor. In 1Kor 16,2 schreibt Paulus zwar, dass die korinthischen Christen am ersten Tag der Woche, also am Tag nach dem Sabbat, eine Kollekte für die Jerusalemer Gemeinde zurücklegen sollen. Ob das mit einem Gottesdienst verbunden war, geht aus dem Text aber nicht hervor. Auch bezüglich der Herrenmahlfeier in 1Kor 11–14 fällt kein Wort zum Zeitpunkt dieser Feier. Von der Zusammenkunft in Troas berichtet die Apg 20,7, dass Paulus seine Predigt mit nachfolgender Eucharistiefeier am ersten Tag der Woche (μία τῶν σαββάτων) gehalten hat, also in der Nacht vom Sabbat auf den nachfolgenden ersten Wochentag. Fraglich ist, ob diese Versammlung gewohnheitsmäßig zu diesem Zeitpunkt stattfand oder eher zufällig, weil Paulus abreisen wollte. Offb 1,10 nennt den Tag, an dem Johannes eine Vision hatte und vom Geist Gottes ergriffen wurde, Herrentag (κυριακὴ ἡμέρα), doch ob damit eine regelmäßige Gottesdienstzeit gemeint sein kann, geht aus dem Text nicht hervor. Für das frühe 2. Jh. finden sich dann aber zahlreiche Quellen, die die gottesdienstliche Versammlung der Christen für den Sonntag bezeugen. Darum liegt es nahe anzunehmen, dass diese Praxis früh im Christentum begonnen hat, da die ersten Christen (Judenchristen) ganz selbstverständlich die Sabbatruhe achteten und vielleicht am Sabbat an der Synagogenversammlung zum Torastudium teilnahmen, um dann am Abend (im jüdischen Verständnis endet der Tag, also auch der Sabbat, mit Sonnenuntergang) im Zusammenhang des Deipnon das Herrenmahl, die Eucharistie zu feiern und so als Christen, gar als eine Art Verein zusammenkamen (Eckhart 2018, 131–162; Leonhard 2018a, 255–291, 2018b, 293–330). Bezeichnend sind dafür die Erscheinungen Christi, die als Ereignisse am Abend erzählt werden (Lk 24,13–35.36–49; Joh 20,19–23.26–29), auch Mahlzeiten mit dem Auferstandenen werden als am Abend geschehen erwähnt (Lk 24,30.42). Sicherlich ist der Sonntag als christlicher Feiertag begründet mit dem Auferstehungstag Christi, und so kamen Christen offenbar am Sonntag vor Sonnenaufgang zum Gottesdienst zusammen, wie Plinius der Jüngere Anfang des 2. Jh.s im Brief an Kaiser Trajan vermerkt: »quod essent soliti stato die ante lucem convenire« – daß sie gewöhnlich an einem festgesetzten Tag, vor Sonnenaufgang, sich versammelt [haben] (Ritter 1997, 17).

Tertullian verbindet die Einsetzung des Mahls an einem Abend mit dem Sakramentsempfang seiner Zeit am Morgen: »Eucharistiae sacramentum, et in tempore victus et omnibus mandatum a domino, etiam antelucanis coetibus nec de aliorum manu quam praesidentium sumimus. – Das Sakrament der Eucharistie, welches vom Herrn zur Essenszeit und allen anvertraut wurde, empfangen wir auch in frühmorgendlichen Versammlungen und aus der Hand keines andern als der Vorsteher.« (Tertullian: De corona, 1043; deutsche Übersetzung von Kellner 1915, 236f; eine Fußnote von Esser korrigiert die Übersetzung von *anvertraut wurde*: Omnibus mandatum muss hier übersetzt werden mit »allen anvertraut worden war«.)

Im Barnabasbrief 15,8f wird der Sonntag als der achte Tag bezeichnet. »Der Sonntag ist dann der achte Tag, an dem die Welt in ihren endgültigen Vollendungszusammenhang eintritt, der Tag, der die Zeit dieser Welt, welche von der Siebentagewoche symbolisiert wird, überschreiten wird hinein in das Reich Gottes. Die Feier dieses achten Tages gibt schon antizipatorisch Anteil an der Freude der kommenden Welt. (...) Mit der Auferstehung Christi hat das endgültige Zur-Ruhe-Kommen der Welt, damit der ›Anfang einer neuen Welt‹ begonnen. Am Sonntag ist nicht nur Christus auferstanden, er ist als der Auferstandene und Erhöhte seinen Jüngern erschienen, und er ist in die neue Welt des achten Tages aufgestiegen.« (Meßner 2005, 369). Das Zur-Ruhe-Kommen der Welt verbindet sich mit dem Sabbat, an dem Gott ruhte, und auch der erste Schöpfungstag sowie der Auferstehungstag werden über die Erschaffung der Welt und des Lichts miteinander verbunden, wie Justin es beschreibt, denn Gott hat am ersten Tag Welt und Licht erschaffen und hat wiederum am selben Tag, dem ersten Tag der Woche bzw. am achten Tag, Jesus Christus von den Toten auferweckt zum Licht der Menschheit. (Justin: Erste Apologie 67,8).

2.2.9 Das Osterfest

Ab wann das Osterfest gefeiert wurde und an welchem genauen Termin, lässt sich nicht mit dem NT eruieren. Jedenfalls ist Jesus während des Pessachfestes gekreuzigt worden. Joh 19,14 (anders die Synoptiker) lässt Jesu Sterben als Opfer am Kreuz zur gleichen Zeit wie das Schlachten der Pessachlämmer geschehen am 14. Nisan. Christus ist das eschatologische Passalamm, dieses Theologumenon findet sich schon bei Paulus in 1Kor 15,7: καὶ γὰρ τὸ πάσχα ὑμῶν ἐτύθη Χριστός – denn als unser Passalamm ist Christus geopfert worden (Zürcher 2007). Wenn schon kaum ein Termin ersichtlich ist, so lassen sich doch Ostertraditionen im NT erahnen: Die klugen und törichten Jungfrauen erwarten den Bräutigam zur nächtlichen Stunde (Mt 25,1–13), sie warten auf den wiederkommenden Christus (Parusieerwartung), was auf eine Osternachtfeier hindeuten könnte. Ähnliches gilt auch für die Befreiung des Petrus aus dem Gefängnis (Apg 12,6–17) während des Pessachfestes (Apg 12,3); vielleicht deutet das nächtliche Beisammensein der Christen im Haus der Maria auf eine Osternachtfeier hin (vgl. oben Hauskirche und Kirchengebäude). Die Epistula Apostolorum (wohl Mitte des 2. Jh.s) deuten Apg 12 als Osternacht, und 1Kor 11,26 (»bis dass er kommt«) wird dem Osterkontext zugeschrieben.

Seit der Mitte des 2. Jh.s finden sich eindeutige Quellen, meist Predigten, für den Termin der Osterfeier, z. B. von Melito von Sardes Περὶ πάσχα oder eine gleichnamige Predigt von Origenes. Zur Osterfeier und ihrer Gestaltung gibt ausführlich die Didaskalie Kap. 21 Auskunft.

Zum Ende des 2 Jh.s kam es zum Osterfest-Terminstreit. In Kleinasien und Syrien feierte man am 14. Nisan und behielt so den Kalender des jüdischen Pessachfestes bei (deshalb Quartadezimaner genannt nach luna quartadezima = Vollmond bzw. der erste Frühlingsvollmond, oder Quartodezimaner nach quartodecimo = 14). Die anderen Kirchen der Ökumene legten den Ostertermin auf den Sonntag nach dem ersten Frühlingsvollmond. Mit diesen Auseinandersetzungen waren auch verschiedene Ostertheologien verbunden: Wer am 14. Nisan als Festtag festhielt, erwartete, dass Christus an diesem Tag einst wiederkommen und die Seinen von den Toten auferwecken wird. Die, die von diesem Tagestermin abwichen, legten Wert auf die Feier der Auferstehung Christi, und diese Feier konnte nur an einem Sonntag begangen werden. Das Konzil von Nicäa (325) legte für das Osterfest den Sonntag fest, der auf den ersten Frühlingsvollmond folgt. Bei dieser Entscheidung hat man die Verbindung zum Judentum über den lunaren Kalender beibehalten und den Sonntag als Auferstehungstag für die Feier bewahrt.

2.2.10 Das Pfingstfest

Pfingsten ist zunächst als Abschluss der Osterzeit nach 50 Tagen zu verstehen, weil in Apg 2,1 erzählt wird, dass sich die Ausgießung des Heiligen Geistes zum jüdischen Fest Schawuot ereignete, das 50 Tage nach Pessach gefeiert wird. In hellenistischen Kreisen nannte man das Schawuotfest auch Pentekoste (der 50. Tag), woraus sich das Wort »Pfingsten« entwickelte. Quellen des 3./4. Jh.s bezeugen, dass in der ostsyrischen und in der palästinischen Kirche der fünfzigste Tag sowohl zum Gedächtnistag der Himmelfahrt als auch der Geistsendung wurde. Die spanische Nonne Egeria schreibt in ihrem Pilgerbericht über Jerusalem (ca. 383/384), dass man dort am Morgen die Herabkunft des Geistes feierte und nachmittags zur Himmelfahrtskirche ging, wo der Bericht von der Himmelfahrt Jesu Christi vorgelesen wurde (Egeria 43). Chrysostomus hat um 386 am 40. Tag nach Ostern eine Predigt in Antiochien zur Himmelfahrt gehalten, aber gleichwohl Himmelfahrt und Geistsendung eng verbunden. Im 5. Jh. scheint der 40. Tag nach Ostern als eigenständiges Fest der Himmelfahrt in Ost und West rezipiert worden zu sein. Die Folge ist, dass Auferstehung, Erscheinungen, Himmelfahrt und Geistsendung immer mehr als Einzelereignisse gefeiert wurden und dadurch die Einheit von Tod und Erhöhung weniger deutlich wird. (Auf der Maur 1983, 79–83).

2.2.11 Das Weihnachtsfest

Weihnachten wurde wohl erst im 4. Jh. als eigenständiges Fest gefeiert. Bezeugt ist, dass am 25. Dezember 336 zum ersten Mal in Rom das Christfest begangen wurde. So berichtet es Furius Dionysius Filocalus in seinem Chronograph von 354. Das Fest wird in den Kirchen des Westens bald übernommen, auch in Nordafrika kann die Feier bald belegt werden. In den Kirchen des Ostens wird es ebenso übernommen, Johannes Chrysostomus hat Weihnachten erstmals 386 in Antiochien gefeiert.

Die Entstehung des Festes ist in der Forschung umstritten: Wurde es als Ersatz für das heidnische Fest des *Sol invictus* gefeiert, das Kaiser Aurelian im Jahr 275 eingeführt hatte, mit dem Hinweis auf Mal 3,20, dass nun Christus die Sonne der Gerechtigkeit ist (religionsgeschichtliche Hypothese)? Oder ist der Berechnungshypothese zu folgen, die den 25.12. in Verbindung mit dem 25.3. bestimmte, da rechnerisch neun Monate zwischen dem 25.3. als Tag der Empfängnis und dem 25.12. als Tag der Geburt liegt? Vielleicht hat auch der damalige Zeitgeist (Wallraff 2001) beide Motive zum Datum des Christfestes zusammengeführt.

Der Sonntag als Tag für die Liturgiefeier ist erst seit dem 2. Jh. bezeugt. Möglich ist, dass die ersten Christen (Judenchristen) an der Unterweisung in der Synagoge am Sabbat teilnahmen und nach Sabbatende am selben Abend das Herrenmahl feierten. Es fiel damit auf den ersten Tag der Woche, und in Anlehnung an die Auferstehung Christi wurde die Feier auch am Morgen gefeiert. Das Osterfest als christliches Hauptfest ist seit dem 2. Jh. bezeugt, nach längeren Auseinandersetzungen über den genauen Ostertermin wurde der Sonntag nach dem ersten Frühlingsvollmond festgesetzt. Das Pfingstfest wurde 50 Tage später in Anlehnung an Apg 2,1 gefeiert. Das Weihnachtsfest entwickelte sich erst im 4. Jh.

2.3 Liturgietraditionen

2.3.1 Der Wortteil

Zum Wortteil des Gottesdienstes gibt es nur wenige Quellen. So berichtet z. B. Justin (Erste Apologie 67), dass ein Lektor eine Lesung aus den Evangelien oder den Propheten vorlese und dann der Vorsteher eine Predigt halte. Auf die Predigt folgen Fürbitten und der Friedenskuss, der zur Eucharistiefeier überleitet. Für den syrischen Raum können die *Constitutiones Apostolorum* stehen, die etwa auf das Ende des 4. Jh.s datiert werden (z. B. Buch 2, Kap. 39/Buch 5, Kap.19,3/Buch 8, Kap. 5,11), aber auch das *Testamentum Domini Nostri Jesu Christi*, das auf das 5. Jh. datiert wird. Darin wird dargelegt, dass es mehrere Lesungen gab, wahrscheinlich zwei alttestamentliche (Gesetz und Propheten) und zwei neutestamentliche (Briefe und Apg), daran anschließend wurde das Evangelium verlesen. Die Lesungen wurden von Lektoren, das Evangelium vom Diakon oder Presbyter vorgetragen. Nach zwei Lesungen trug ein Psalmist Psalmen vor, die Gemeinde stimmte mit einem Kehrvers ein. Auf das Evangelium hielt der Vorsteher bzw. der Ortsbischof die Predigt. Nach der Predigt forderte der Diakon zum Gebet für die Katechumenen auf, die Gemeinde erhob sich, es folgten Bitten des Diakons, in die die Gemeinde mit Kyrie eleison einstimmte. Der Bischof sprach ein Segensgebet über die Katechumenen und legte ihnen zum Segen die Hände auf, danach wurden sie vom Diakon entlassen. Ebenso wurden auch Energumenen (von bösen Geistern, von Krankheiten Geplagte), Taufkandidaten und Büßer mit Gebet und Segen entlassen. Darauf folgte das Allgemeine Gebet, das der Bischof abschloss. Der Friedenskuss leitete zur Eucharistiefeier über.

Wie der Gottesdienst eröffnet wurde, wird selten berichtet. Augustinus teilt mit, dass er das Volk begrüße, wenn er die Kirche zum Gottesdienst betritt (Augustinus: De Civitate Dei, 461). Danach wurde aus der Heiligen Schrift vorgelesen. Der noch heute übliche Gruß *Der Herr sei mir euch* fand laut Augustinus auch für andere Teile der Liturgie Verwendung, z. B. zu Beginn der Eucharistiefeier. (Roetzer 1930, 98f, 113, 235f).

Die Wallfahrerin Egeria bezeugt für Jerusalem (Egeria 24,8), dass an Sonntagen vor dem Gottesdienst unter Beteiligung von Priestern und Diakonen Hymnen, Antiphone und Gebete gesungen und gesprochen wurden. Erst zu einem bestimmten Zeitpunkt erschien der Bischof, und der Gottesdienst begann. Aus diesen genannten und anderen spärlichen Quellen darf nicht die Schlussfolgerung gezogen werden, dass der Wortteil des Gottesdienstes überall in dieser Weise strukturiert war, auch wenn uns heute diese Ordnung bekannt vorkommt.

2.3.2 Der Sakramentsteil

Wesentlich ausführlicher und inhaltsreicher sind die Quellen für die Sakramentsfeier, insbesondere für die Anaphora bzw. das Eucharistiegebet. Der Begriff Anaphora bezeichnet das eigentliche Gebet zur Abendmahlsfeier. Die eucharistische Liturgie beginnt allerdings schon mit der Gabenbereitstellung und dem Dankopfergebet, geht weiter mit dem Wechseldialog und dem eucharistischen Gebet, der Kommunion und der Danksagung, mit der die eucharistische Liturgie zum Abschluss gebracht wird. Nach Form, Inhalt und Sprache der Anaphoren werden auch die einzelnen Liturgietraditionen benannt, die entstanden sind, weil sich im Lauf der ersten Jahrhunderte Zentren der Kirche gebildet haben, die ihre Liturgien unterschiedlich ausgestalteten. Die liturgische Entwicklung ist eng mit der jeweiligen Sprache verbunden, in der eine Liturgie gefeiert wurde, und steht auch immer im Kontext eines kulturellen Zusammenhangs und der Weltsicht, die mit der Sprache ausgedrückt wird. Sprachwechsel, und damit auch Wechsel der Liturgiesprache, markieren oftmals kulturelle Veränderungen, die sich bis in das Verständnis und den Verlauf einer Liturgie und bis in theologische Aussagen hinein auswirken können. So unterscheidet man zwei große Liturgiefamilien: die östliche mit der griechischen Sprache und die westliche mit der lateinischen Sprache.

Der urchristliche Gottesdienst, wie er z. B. von Paulus oder in der Apostelgeschichte geschildert wird, wurde wohl auf Aramäisch gefeiert, was sich noch an einigen Worten in der Liturgie erkennen lässt, die bis heute in aramäischer Sprache gesprochen werden, wie z. B. das Maranatha – Komm, Herr Jesus, oder das Amen. Mit der Verbreitung des Christentums im römischen Reich wurde Griechisch zur liturgischen Sprache und auch der Gottesdienst wurde hellenisiert. Weitere Sprachen des Ostens, wie Syrisch, Koptisch, Armenisch etc., kamen hinzu und damit weitere Inkulturationen der Liturgie. Auch in Rom und in Gallien war die griechische Sprache verbreitet und wurde somit zur Liturgiesprache. Latein als Liturgie- und Theologensprache hat sich wahrscheinlich von Nordafrika aus durchgesetzt, wie etwa an Tertullian (160–220) festzustellen ist, der seine Schriften in lateinischer Sprache verfasste. Mit dem ausgehenden 3. Jh. wird das Lateinische auch in den Gottesdiensten Roms zur Liturgiesprache; 380 lässt Papst Damasus das griechische Eucharistiegebet ins Lateinische übertragen.

Für die östliche Liturgiefamilie sind die sich entwickelnden Patriarchate von Jerusalem, Antiochien und Alexandrien und schließlich auch Konstantinopel von Bedeutung. Die ursprünglich hervorgehobene Bedeutung Jerusalems als Ort des Todes und der Auferstehung Jesu und der ersten Gemeinde wird mit der Zerstörung Jerusalems 70 n. Chr. marginalisiert. Besondere Bedeutung erlangt die Stadt wieder mit der Konstantinischen Wende, denn Konstantin lässt an den heiligen Stätten Jerusalems Kirchen erbauen, Wallfahrten setzen ein und die liturgischen Erfahrungen der Pilger werden weit gestreut in die Ökumene getragen. Von besonderem, auch liturgiewissenschaftlichem Interesse ist der Pilgerbericht der spanischen Nonne Egeria, die die heilige Woche der Jahre 383/384 in Jerusalem ausführlich darstellte. Ebenso bedeutsam sind die Katechesen von Cyrill (bzw. Johannes) von Jerusalem, die in der zweiten Hälfte des 4. Jh.s geschrieben wurden. Gleichermaßen wirksam ist die Jakobus-Anaphora, benannt nach dem Herrenbruder Jesu, der als erster Bischof von Jerusalem angesehen wird. Ihr Text ist wohl auch im 4. Jh. entstanden, denn er hat Cyrill offenbar vorgelegen. Der Text findet sich in einer georgischen Version mit englischer Übersetzung (Jacobus-Anaphora: Liturgia Ibero-Graeca Sancti Iacobi), ein griechischer Text mit lateinischer Übersetzung ist in *Prex eucharistica* 244–261 ediert. Das Gebiet, in dem er in Gebrauch war, reicht von Syrien bis Ägypten.

Antiochien ist das eigentliche liturgische Zentrum für Jerusalem (erst durch das Konzil von Chalcedon 451 wurde Jerusalem als eigenständiges Patriarchat anerkannt). Antiochien war die Hauptstadt der Provinz Syrien, schon in neutestamentlicher Zeit gab es dort Christen (vgl. Apg 11,19ff, Gal

2,11–14). Der Jurisdiktionsbereich des Patriarchen von Antiochien erstreckte sich westlich über weite Teile des römischen Reiches und östlich über die Grenzen des römischen Reiches bis in die persischen Herrschaftsgebiete hinein. Der Gottesdienst orientierte sich an der Jakobusliturgie, wie an den *Constitutiones Apostolorum* und den Schriften des Johannes Chrysostomus und des Theodor von Mopsuestia zu ersehen ist. Die Kirchenordnung *Constitutiones Apostolorum* ist um 380 entstanden und enthält in ihrem 8. Buch eine erste, vollständig erhaltene Messordnung mit allen Texten. In ihr kann man den Text der *Traditio Apostolica* (frühes 3. Jh.) wiedererkennen. (Die Bücher 1–6 der *Constitutiones Apostolorum* gehen auf die *Didaskalie* und das 7. Buch auf die *Didache* zurück.) Diese vollständige Messordnung ist für Liturgiereformen des 19. und 20. Jh.s ebenso wichtig geworden wie das Eucharistiegebet der *Traditio Apostolica* (Geerlings 2000, 223–227), das man für ein sehr früh entstandenes Eucharistiegebet hielt, weil es zudem Hippolyt von Rom zugeschrieben wurde (Wallraff 2010). Es ist als Adaption sowohl durch die römisch-katholische Kirche als zweites Hochgebet in das neue Messbuch 1970 aufgenommen worden (Deutsche Übersetzung: Messbuch 1975, Teil II, 478–489, Messbuch 2002, 580–584) als auch durch die Evangelischen Kirchen in Deutschland als Abendmahls- bzw. Eucharistiegebet in das Evangelische Gottesdienstbuch von 1999 (645f). Das Gebet wird eröffnet mit dem dreigliedrigen Wechseldialog, dann dankt der Beter Gott für die Sendung seines Sohnes Jesus, den er als Retter, Erlöser und Bote seines Willens gesandt hat. Es wird kurz das Heilswerk Christi einschließlich der Einsetzung des Abendmahls rezitiert, dann die Sendung des Heiligen Geistes auf die Gaben wie auf die Glaubenden erbeten. Mit einem Lob endet das Gebet. Diese Struktur wurde in dem Eucharistiegebet im 8. Buch der *Constitutiones Apostolorum* beibehalten, allerdings ist der Gebetstext nun sehr ausführlich (Prex eucharistica: griechischer Text mit lateinischer Übersetzung 82–95). Auch wurden Fürbitten für Lebende und Tote ergänzt. Diese Liturgie wird auch Klementinische Liturgie genannt, weil sie dem römische Bischof Klemens I. zugeschrieben wurde. Es bleibt eine ungeklärte Frage, ob dieser Text eine tatsächlich praktizierte Liturgie wiedergibt oder ob es sich um eine Richtschnur handelt, die als Idealmodell fungierte.

Alexandrien war liturgisches Zentrum für Nordafrika und brachte eine bedeutende Theologenschule hervor, zu der Clemens von Alexandrien, Origenes, Athanasius, Cyrill etc. zu zählen sind. Gottesdienst wurde nach der Markusliturgie gefeiert (Prex eucharistica: griechischer Text mit lateinischer Übersetzung 101–123). In diesem Patriarchat fand ein Sprachwechsel statt. So wechselte man z. B. in Ägypten von der griechischen zur koptischen Sprache, so dass nun die Cyrillusliturgie, eine überarbeitete Übersetzung der Markusliturgie, verwendet wurde (Prex eucharistica: lateinischer Text 135–139). Hervorzuheben ist die koptische Basiliusanaphora, die bis heute Verwendung findet (Prex eucharistica: griechischer Text mit lateinischer Übersetzung 347–357). Die Einflüsse aus Antiochien auf diese Anaphoren sind deutlich. In alexandrinischer Tradition findet sich zusätzlich ein Fürbittengebet vor dem Sanctus und eine Epiklese (Herabrufung des Heiligen Geistes) vor und nach den Einsetzungsworten. Es ist wahrscheinlich, dass erste liturgische Texte in lateinischer Sprache aus Nordafrika, wahrscheinlich aus Karthago, stammen und von dort nach Rom gelangten.

Ein weiteres Patriarchat ist das von Konstantinopel. Kaiser Konstantin bestimmte 328 die Stadt zum Regierungssitz. Liturgisch ist Konstantinopel von Antiochien und Jerusalem abhängig, zwei Eucharistiegebete wurden aber bestimmend, deren Grundbestand auf das 4. oder 5. Jh. zurückgeht: zum einen die Basiliusanaphora (Prex eucharistica: griechischer Text mit lateinischer Übersetzung 230–243), die an zehn Tagen gefeiert wird und auf Basilius den Großen zurückgeht (330–379), und zum anderen die Chrysostomusanaphora (Prex eucharistica: griechischer Text mit lateinischer Übersetzung 223–229), die zumindest mit ihrem Namen, vielleicht aber auch in ersten Formulierungen, auf Johannes Chrysostomus, den Bischof von Konstantinopel (354–407), zurückgeht.

Diese Regionen des Römischen Reiches kann man schon in gewisser Weise als eigene Kulturen ansehen, weil das Römische Reich keinen kulturellen Einheitsraum darstellte. Das galt natürlich auch für Rom; denn nicht nur die vier genannten, sondern auch das fünfte Patriarchat Rom bildete eigene liturgische und kulturelle Traditionen aus. Auch für die Stadt Rom und andere italienische Städte kann man bis zum 3. Jh. hinsichtlich der gottesdienstlichen, liturgischen Tradition immer noch von einem griechischen (östlichen) Christentum sprechen. Die Ursprünge der lateinisch-westlichen Liturgie liegen in Nordafrika. Diese Liturgie lässt sich anhand der Schriften der nordafrikanischen, lateinisch schreibenden Theologen Tertullian (115–228), Cyprian von Karthago (gest. 258) und Augustinus (358–430) erschließen. In Rom wird das lateinische Christentum westlicher Prägung, das für weite Teile Europas zur Tradition werden sollte, eigentlich erst mit dem Sprachwechsel vom Griechischen zum Lateinischen und dem damit einhergehenden Kulturwandel wirksam, der in Rom in der zweiten Hälfte des 4. Jh. einsetzte.

Das zeigt sich am *Canon Romanus*, dem Abendmahlsgebet. Vergleicht man das in griechischer Sprache verfasste Eucharistiegebet der *Traditio*

Apostolica (lateinischer und griechischer Text mit deutscher Übersetzung in Geerlings 2000, 222–227) mit dem *Canon Romanus* (lateinischer Text in Prex Eucharistica 426–447, deutsche Übersetzung in Meyer-Blanck 2009, 165–176), so stellt man schnell fest, dass der Text aus der *Traditio Apostolica* in sich eine schlüssige Gedankenfolge bietet und mit Lobpreis, Dank und Bitte dreigliedrig strukturiert ist. Diese Struktur ist schon an den alttestamentlichen Gebeten zu erkennen. Ganz anders stellt sich der Text des *Canon Romanus* dar, der erst für das Ende des 6. Jh.s dokumentiert ist. Präfation und Sanctus sind der Anaphora der *Traditio Apostolica* ähnlich, die folgenden Gebetsteile gliedern sich aber um die *Verba Testamenti*, die Einsetzungsworte, die auf diese Weise zum Zentrum des Gebets werden. Denn die lateinische, westliche Tradition geht davon aus, dass sich die Wandlung von Brot und Wein in Leib und Blut Christi vermittels der Einsetzungsworte ereignet.

Cyrill von Jerusalem (oder Johannes von Jerusalem) hat gemäß der östlichen Tradition in seinen in griechischer Sprache gechriebenen mystagogischen Katechesen, die in der zweiten Hälfte des 4. Jh.s entstanden sein dürften, gelehrt, dass der Heilige Geist die Wandlung der Gaben von Brot und Wein in Leib und Blut Christi bewirkt: »Dann, nachdem wir uns selbst durch diese geistlichen Hymnen [das Sanctus, J. N.] geheiligt haben, bitten wir den menschenliebenden Gott, den Heiligen Geist auf die vorliegenden (Gaben) herabzusenden, damit er das Brot zum Leib Christi, den Wein zum Blut Christi mache. Denn alles, was der Heilige Geist berührt, wird geheiligt und verwandelt.« (Röwekamp 1992, 150–153 [5,7]).

Für die westliche Tradition, die die Konsekration mit dem Aussprechen der Einsetzungsworte verbindet, können die Belehrungen des Ambrosius von Mailand stehen, die ebenfalls in die zweite Hälfte des 4. Jh.s datiert werden und in lateinischer Sprache verfasst wurden: »Durch welche Worte geschieht denn die Konsekration, und wessen Worte sind es? Die des Herrn Jesus. Denn alles andere, was vorher gesagt wird, wird vom Bischof gesprochen: Gott wird Lobpreis dargebracht, es wird ein Gebet verrichtet, es werden Bitten für das Volk, für die Herrscher und für die übrigen vorgetragen. Sobald der Augenblick naht, das verehrungswürdige Sakrament zu vollziehen, verwendet der Bischof nicht mehr seine eigenen Worte, sondern verwendet Worte Christi. Also bewirkt das Wort Christi dieses Sakrament (Ergo sermo Christi hoc conficit sacramentum.).« (Schmitz 1990, 142f [4,14]). Ambrosius formuliert die Einsetzungsworte als eine Kompilation verschiedener neutestamentlicher Schriftstellen (5,21f), die sich in ähnlicher Formulierung im *Canon Romanus* wiederfinden, so dass man annehmen kann, dass der

Text oder eine Vorform des *Canon Romanus* schon zur Zeit des Ambrosius in Gebrauch war oder selbst von Ambrosius geschaffen wurde, denn von *Quam oblationem* bis zu *Supplices te rogamus* lässt sich der Text des Canon Romanus wiedererkennen.

2.3.3 Weitere liturgische Traditionen

Die altgallischen Liturgien stellen eine eigene Tradition dar, die aber im Lauf der Jahrhunderte, insbesondere durch die karolingische Reform, der römischen Tradition wich. Liturgische Quellen, wie z. B. das Missale Gothicum oder das Missale Gallicum, enthalten schon römisches Traditionsgut und werden auf das 8. Jh. datiert. Nur noch in Mailand, und auf Ambrosius zurückgehend, ist eine nichtrömische, aber westliche Tradition bis heute lebendig. Die Texte lassen erkennen, dass sie orientalischen Ursprungs sind und nicht die knappe, aber klare Struktur der lateinischen Sprache verwenden.

Gleiches gilt für die mozarabischen Liturgien. Diese in Spanien gefeierten altgallischen Liturgien bewahrten ihre Selbständigkeit, als Spanien unter arabischer Herrschaft war und die Christen ihre Liturgien unverändert weiterfeiern durften. Erst nach der Wiedereroberung Spaniens (1492) wurden sie von der römischen Liturgie abgelöst; eine mozarabische Liturgie wird noch bis heute in der Bischofskirche in Toledo gefeiert.

Die keltische bzw. britannische Liturgie stellt ebenfalls eine eigene Tradition dar. Ein wenig ist sie noch fassbar im Stowe-Missale. Ursprünglich war hier die keltische Sprache in Gebrauch.

Für die liturgische Ordnung des Wortteils werden Lesungen aus AT und NT, eine Predigt und Gebete überliefert. Ursprünglich wurde die aramäische und griechische Sprache verwendet.

Der Sakramentsteil ist ausführlicher bezeugt. Es werden zwei liturgische Traditionen unterschieden: die östliche, vorwiegend griechisch sprechende, und die westliche, lateinische sprechende Tradition. In der östlich-griechischen Tradition wurde das Eucharistiegebet entwickelt, das sich dreigliedrig mit Lobpreis, Dank und Bitte darstellt. Die Jakobus-, Markus- und Chrysostomusanaphora sind die bedeutenden bis heute verwendeten Eucharistiegebete. Die westlich-lateinische Tradition fußt auf dem Canon Romanus, der bis zum Sanctus der östlichen Tradition folgt, dann aber weitere Gebete um die Einsetzungsworte gruppiert. Die

Einsetzungsworte werden in der westlichen Tradition als die Wandlungsworte verstanden, die Christus selbst spricht, während die östliche Tradition lehrt, dass der Heilige Geist in der Epiklese die Wandlung der Gaben bewirkt.

Neben der westlich-lateinischen Tradition hat es auch in Gallien, Britannien etc. weitere liturgische Traditionen gegeben, die aber nicht weitergeführt wurden, weil sie in der lateinischen Tradition aufgingen oder von ihr verdrängt wurden.

2.3.4 Liturgische Bücher

Vom 4. bis zum 7. Jh. entwickelte sich die altrömische Liturgie. Zunächst wurden Gebetstexte in sogenannten *libelli* im Archiv des Bischofs (Papstes) von Rom aufbewahrt. Sie wurden zu einer Sammlung zusammengestellt, einem sogenannten Sakramentar (Sakramentarium Veronense bzw. Leonianum); die Gelasianischen und Gregorianischen Sakramentare sind weitere frühe Sakramentare. Die Gregorianischen Sakramentare haben die westliche Tradition wesentlich bestimmt (Meyer 1989, 190–192). In einem Sakramentar waren die Gebetstexte zusammengestellt, die für die Leitung einer Liturgie notwendig waren. Neben diesem Buch für den Leiter der Liturgie kam dann noch ein Lektionar für die Lesungen aus den biblischen Büchern zum Einsatz – außer den Evangelien, denn dafür gab es eigens ein Evangeliar. Das Antiphonarium enthält Gesänge, meist Psalmverse, die zu den Lesungen etc. gesungen wurden.

Die ältesten erhaltenen Lektionare sind z. B. der Wolfenbütteler Codex Weissenburgensis, der aus der gallischen Liturgie hervorgegangen ist und vom Anfang des 6. Jh.s stammt, oder die Würzburger Epistelreihe aus dem 8. Jh., die die römische Liturgie des 7. Jh.s widerspiegelt. Die Lektionare haben keine Vorläufer wie die *libelli* der Sakramentare, weil biblische Lesungen bzw. Bibeltexte schon vor und auch außerhalb von Gottesdiensten üblich waren (Klöckener 2018, 302f).

Die Rubriken, also die Angaben für die rituellen Vollzüge, konnte man in den sogenannten Ordines nachlesen. Der Begriff Rubrik leitet sich von dem Wort *rubrum* – *rot* ab, da die liturgischen Handlungsanweisungen – z. B. die Hände zum Segen zu erheben – in roter Farbe gedruckt wurden und die Texte, die zu lesen waren, in schwarzer Farbe. Das gilt bis heute und findet sich in vielen Missalen und Agenden wieder. Der erste Ordo der Ordines Romani (Andrieu 1948, 68–108) enthält die detaillierte Beschreibung einer Papstmesse, wie sie um 700 in Rom üblich war. An ihr ist zu erkennen, wie aus einfachen liturgischen Anfängen eine vollausgestaltete, ja sogar komplizierte Liturgie geworden ist. Faktisch bedeutet das, dass man ein Sakramentar mit den Texten und einen Ordo mit den Rubriken zusammen lesen muss, um den Gesamtverlauf einer Liturgie zu überblicken. Im Mittelalter sind schließlich sogenannte Plenarmissale entstanden, die Rubriken und Texte gemeinsam enthalten, wie es bei den Agenden bis heute üblich ist.

Für die Leitung einer Liturgie sind in den ersten Jahrhunderten *libelli* als Sammlungen von Gebetstexten entstanden. Daraus wurden Sakramentare gebildet, die die Gebetstexte für bestimmte Feiern ordneten. Für die biblischen Lesungen entstanden *Lektionare*, für die Lesung des Evangeliums *Evangeliare*. Im *Antiphonarium* waren die Gesänge verzeichnet, die zu den Lesungen gesungen wurden. Im Ordo sind die Rubriken einer Liturgie aufgeführt. *Ordo* (Ordnung) und *Sakramentar* (Texte) wurden in einem *Missale* zusammengefasst, wie es bei den Agenden bis heute üblich ist.

2.4 Opferverständnis und Reformation

Aus dem Verständnis der Konsekration, deren Vollzug mit den Einsetzungsworten angenommen wurde, entwickelte sich ein problematisches Opferverständnis. Schon der nordafrikanische, lateinisch schreibende Cyprian von Karthago sagte: »Wenn nämlich Christus Jesus, unser Herr und Gott, selbst der höchste Priester Gottes des Vaters ist und er sich selbst dem Vater als Opfer dargebracht und uns geboten hat, dass dies zu seinem Gedächtnis geschehe, dann handelt gewiss [nur] jener Priester wahrhaft als Christi Stellvertreter (vice Christus), der das, was Christus getan, nachahmt (imitatur), und er bringt Gott, dem Vater, in der Kirche [nur] dann ein wahres und vollkommenes Opfer (sacrificium verum et plenum) dar, wenn er es so darzubringen anfängt, wie er es von Christus selbst dargebracht sieht.« (Ritter 1997, 107).

Wenn in diesem Verständnis die Zitation der Einsetzungsworte als Konsekrationsmoment angenommen wird, sind mit ihrem Abschluss das Brot und der Wein, die sich auf dem Altar befinden, nunmehr Christi Leib und Blut. Schon der Satz vor den Einsetzungsworten bat um die Wandlung der Gaben, die mit den Einsetzungsworten vollzogen wird. Der auf die Einsetzungsworte folgende Satz bestätigt die Wandlung, nachdem an Jesu Leiden, Tod und Auferstehung gedacht wurde: »offerimus praeclarae maiestati tuae de tuis donis ac datis hostiam puram, hostiam sanctam, hostiam immaculatam, panem sanctum vitae aeternae et calicem salutis perpetuae« (Prex eucharistica 434) – »wir bringen deiner erhabenen Majestät von deinen Gütern und Gaben ein reines Opfer, ein heiliges Opfer, ein unbeflecktes Opfer dar, das heilige Brot des ewigen Lebens und den Kelch des ewigen Heils.« (Meyer-Blanck 2009, 168).

Dass die gewandelten Gaben nun Gott geopfert werden, hat Protest ausgelöst. »Dass Christi Leib und Blut von der Kirche bzw. vom Priester Gott geopfert werden, war für alle Reformatoren der unerträgliche Ausdruck einer falschen Rechtfertigungslehre in der mittelalterlichen Papstkirche.« (Meßner 2001, 128). So ist die Messe mit dem Canon Romanus und seinem schwierigen Textverständnis einer der Gründe, die zur Kirchenspaltung im 16. Jh. geführt haben.

Mit der römischen Messe bzw. ihrem Verständnis von Konsekration veränderte sich das Grundverständnis von Liturgie überhaupt: Bildete in den ersten Jahrhunderten das Dargestellte in der Liturgie ihre Verwirklichung, so wurde nun das Erlösungswerk durch die Feier gegenwärtig. Oder anders ausgedrückt: Das Dargestellte oder das Eigentliche, das Erlösungswerk Christi und die damit verbundene Gnade, die den Glaubenden zuteil wird, also das, um was es eigentlich geht, findet man nicht »hinter« der Liturgie, sondern »in« der Liturgie. Die Liturgie bzw. ihre Feier ist nicht losgelöst von dem Dargestellten, dem Eigentlichen zu verstehen. Doch so ist es in der mittelalterlichen Liturgieentwicklung und ihrem Verständnis geschehen: Die Liturgie wird zu etwas Äußerlichem, dem etwas Innerliches entspricht, wobei das Innerliche dann auch noch in das Innere des Menschen verlegt wird. Mit dem Kulturwechsel gingen Verständnis und Bedeutung der Liturgien verloren, so dass Amalar von Metz 823 in seinem *Liber officialis* mitteilt, dass er die Bedeutung der eucharistischen Liturgie nicht mehr versteht (Angenendt 2009, 41f). Er betrachtet die Liturgie dann als allegorisches Spiel der Passion Jesu.

Zudem ist der Kulturwandel von der griechisch denkenden Welt zur germanisch-keltischen Denkwelt zu beachten. Die griechisch denkende Welt konnte im Bild die göttliche Wirklichkeit erkennen, wie die orthodoxe Kirche es bis heute in der Ikone verwirklicht: Wenn Jesus oder Maria auf einer Ikone abgebildet ist, dann sehen Jesus oder Maria den Glaubenden wirklich an. Dem germanisch-keltischen Denken war es nicht möglich das nachzuvollziehen, weil es im Bild eine Abbildung von Jesus oder Maria erkannte, aber nicht Jesus oder Maria selbst. Dasselbe Denken hat dann auch das Verständnis des Sakraments verändert, Brot und Wein waren entweder eine historische Realität aufgrund der Einsetzung durch Jesus, oder das auf dem Altar liegende Brot war eine greifbare Realität der Gegenwart, man erkannte darin aber kaum die gesamte Wirklichkeit Jesu Christi, die durch dieses Sakrament aufgezeigt wurde. (Neijenhuis 1999, 74). In Folge des eher am Materiellen orientierten Denkens der germanisch-keltischen Denkwelt gilt das theologische Interesse mehr der Realpräsenz und der Transsubstantiationslehre in dem Verständnis, dass Christus als Opfernder sich selbst als Opfer hingibt, als dem Opferaspekt als solchem. Es wird über den Zeitpunkt der Transsubstantiation nachgedacht, und dieser wird mit dem Sprechen der Einsetzungsworte gefunden. Die Perspektive des Geistes und die damit verbundene Geistepiklese im Abendmahlsgebet gehen verloren.

Zudem entwickelte sich die Auffassung, dass die Gnadenzuwendung mit der Häufigkeit der Messfeiern verbunden sei: Je häufiger man die Messe feierte, desto mehr Gnade konnte man erhalten. Diese Quantifizierung und Kommerzialisierung der Messe wurde dann auch neben den anderen Aspekten des Opferverständnisses zu einem Kritikpunkt der Reformatoren.

Trotzdem ist es voreilig und wohl auch falsch, wenn man nun vom dunklen Mittelalter spricht oder das Mittelalter bzw. die Jahrhunderte vor der Reformation als Deformation der Kirche verurteilt. Die Frömmigkeit im Mittelalter war sehr lebendig, die Vielfalt an Liturgien, insbesondere auch im klösterlichen Leben, nahm erheblich zu. Dafür steht die Entwicklung der Tagzeitengebete, deren Anfänge auf das tägliche Gebet in der Urchristenheit zurückgeführt werden können (Rouwhorst 2018, 176–178; Klöckener 2018, 316–318). Mancher heutige Forscher spricht von einem hoch erregten religiösen Leben (Angenendt 2009, 72), wie wir es heute in Europa nicht mehr erleben und kennen, das aber im Mittelalter ganz selbstverständlich war. Die Menschen lebten tief in ihrer Religion und ihrem Glauben. Auch daran nahm die Reformation teil, und im Zuge der Reformforderungen an die Kirche kam es zu gravierenden Veränderungen, die die Theologie und die Liturgie der Reformation hervorbrachten.

Wirkungsgeschichtlich interessant ist der Pronaus (vom französischen prône, das sich vom lateinischen praeconium bzw. praedicatio herleitet), ein eigener Predigtgottesdienst. Er entwickelte sich im Mittelalter aus der Messe, die in lateinischer Sprache gefeiert wurde, obwohl die meisten Menschen diese Sprache nicht verstanden. Aufgrund der starken Mess- und Opferfrömmigkeit wurde der Wortteil der Messe nicht nur als Vormesse bezeichnet, sondern er erhielt auch eine geringere Wertigkeit. Zwar konnte die Predigt in der Landessprache gehalten werden. Aber aufgrund der geringen Bildung der Priester wurde die Predigt als solche nur gering geachtet. Die Lage änderte sich, als der Orden der Franziskaner und der der Dominikaner (der sog. Predigerorden) Prediger über Land schickten, die innerhalb, aber auch außerhalb der Messe Predigten und Katechesen hielten. Predigtstellen wurden eingerichtet, Kanzeln außen an Kirchen angebaut, gar fahrbare Kanzeln eingesetzt. So konnte auch in der Messe die Predigt einen größeren Stellenwert erlangen, wenn z. B. der erste Teil der Messe im Altarraum stattfand, dann – mithilfe einer fahrbaren Kanzel – die Predigt unter den Leuten im Kirchenschiff in der Landessprache gehalten wurde, und danach das Messopfer wieder im Altarraum begangen wurde.

Eine feststehende Ordnung für den Pronaus hat sich nicht entwickelt. Honorius Augustodunensis veröffentlichte um 1120 das *Speculum ecclesiae* als homiletisches Hilfsmittel und schlug darin vor, dass auf die Predigt das Vaterunser erfolgen solle, das der Prediger erklärte. Ebenso erklärte er das sich anschließende Credo. Danach wurde die Offene Schuld gesprochen und Absolution erteilt, worauf ein Fürbittengebet folgte. Schon an dieser Ordnung ist zu sehen, wie stark katechetisch der Impuls war. Einflussreich war das Manuale curatorum von 1502 des Johann Ulrich Surgant aus Basel. Es sah folgende Ordnung vor: lateinisches Votum und lateinische Textverlesung, deutsches Votum und deutsche Textverlesung, Anrufung des Hl. Geistes durch Vaterunser und Ave Maria oder Salve Regina, Predigt, Abkündigungen, Allgemeines Kirchengebet, Vaterunser und Ave Maria, Credo, Dekalog, Offene Schuld und Absolution, Schlussvotum.

An dieser Gottesdienstform orientierte sich der reformierte Zweig der Reformation, der die Messe verworfen hatte, wohingegen der lutherische Zweig die Reform bei der Messe ansetzte.

2.5 Gottesdienstliche Traditionen der Reformation

Reformforderungen wurden schon in der mittelalterlichen Kirche des 15. Jh.s laut, aber erst mit Martin Luther kam es zu gravierenden Veränderungen. Dabei haben weder Luther und noch andere Reformatoren, wie z. B. Johannes Calvin in Genf, eine Spaltung der Kirche gewollt, sondern eine

Reform intendiert. Dass es anders kam, hatte auch Auswirkungen auf die liturgischen Traditionen, die bis heute reichen. Dabei darf wiederum die Kulturentwicklung in dieser Zeit nicht übersehen werden. Nicht mehr allein Gegenstände, wie die gewandelte Hostie, konnten das Heil verbürgen, sondern die Sprache trat als Medium der Heilsvermittlung in den Vordergrund. Zudem leitete Luther theologisch eine Umkehrung der »Gottesdienstrichtung« ein: Nicht mit Werken, und schon gar nicht dem guten Werk der Opferung der Gaben von Brot und Wein als Leib und Blut Christi an Gott, könne das Heil erwirkt werden, sondern vielmehr wird das Heil vermittelt durch die Sprache respektive durch das Wort Gottes: Gott spricht zum Menschen und eignet ihm das Heil durch das Wort zu. Dadurch wird wiederum die Antwort des Menschen von Gott bewirkt. (Neijenhuis 2018).

2.5.1 Die lutherische Tradition

Schon in Luthers kleiner Schrift zur Reform von Gottesdiensten von 1523 *Von ordenung gottis diensts ynn der gemeine* (Herbst 1992, 13–15) lässt sich diese Richtungsänderung des gottesdienstlichen Handelns nachlesen. Luther beklagt, dass im Gottesdienst trotz der Schriftlesungen und der Predigt das Wort Gottes gleichsam verschwiegen wurde, »das man solche gottis dienst/als eyn werck than hatt/da mit gottis gnade vnd selickeyt zur werben/da ist der glaub vntergangen« (Herbst 1992, 13). Gottes Gnade und die Seligkeit lassen sich nicht mit Werken und auch nicht mit Geld (Ablassbriefe) erwerben, sondern sie werden empfangen im Glauben, also nicht im Werk oder im Tun, sondern in jener Haltung, die allen Werken, allem Tun vorausliegt: im Glauben. Darum will Luther, »das das wort ym schwang gehe/vnd nicht widderumb eyn loren und dohnen draus werde/ wie es bis her gewesen ist.« (Herbst 1992, 15 [loren und dohnen = Plärren und Lärmen]). Dass das Wort Gottes im Schwang gehe, dass es also kommuniziert wird, ist nicht an ein liturgisches Element wie z. B. die Schriftlesung oder Predigt gebunden, sondern »steht vielmehr für ein theologisches Konzept, das das Gottesverhältnis insgesamt neu bestimmt: Gott und Mensch verkehren nicht *im Werk*, sondern *im Wort* miteinander. Das kommunikative Muster, das ihr Verhältnis prägt, ist das *Gespräch.*« (Bieritz 2004, 448). So hat es Luther bei der Einweihung der Schlosskirche zu Torgau 1544 in eine Formel gefasst, die bis heute oft zitiert wird und als klassisch gilt: »das unser lieber Herr selbs mit uns rede durch sein heiliges

Wort, und wir widerumb mit jm reden durch Gebet und Lobgesang« (WA 49, 588, Zeile 15–18). Mittels der Sprache bzw. des Wortes Gottes wird der hörende, verstehende und vertrauende Glaube in der Person des Menschen geschaffen.

Hatte Luther in *Von ordenung gottis diensts ynn der gemeine* die Tagzeitengebete mit ihren Lesungen im Blick, so erschien im selben Jahr, im Dezember 1523, eine erste von zwei Schriften zur Reform der Messe, welche Luther in lateinischer Sprache schrieb: *Formula missae et communionis pro Ecclesia Vuittembergensi* (lateinischer Text mit deutscher Übersetzung: Neijenhuis 2009, 649–679). Luther legt darin keine neuen Formulare bzw. Liturgieordnungen vor, sondern reflektiert die bisherige Ordnung und gibt Vorschläge zur Reform. (Neijenhuis 2014). Der Eröffnungsteil und der Wortteil der Messe bleiben im Wesentlichen erhalten, aber beim Sakramentsteil schlägt Luther erhebliche Veränderungen vor, da der ganze Opfergedanke für ihn nichts anderes darstellt als ein gutes Werk, das auf Gott einwirken soll. Auf Glaubensbekenntnis und Predigt hin werden die Gaben Brot und Wein bereitgestellt. Ein Offertorium – das Gebet, das Gott die Gaben zum Opfer empfiehlt – entfällt. Wie gewohnt folgen aber die dialogischen Wechselrufe, die zur Präfation hinführen, und auf das Präfationsgebet folgen sofort die Einsetzungsworte. Danach singt der Chor das Sanctus und während des Gesangs vollzieht der Liturg die Elevation der Gaben. Es wird das Vaterunser gebetet, gefolgt vom Friedensgruß. Während der Kommunion singt der Chor das Agnus Dei. Nach der Kommunion wird ein Schlussgebet gesprochen. Der bisherige Entlassungsruf *Ite, missa est* wird ersetzt durch *Benedicamus domino*. Der aaronitische Segen beendet den Gottesdienst. Luther erwägt wie auch in seiner zweiten Schrift zur Gottesdienstreform, ob unmittelbar auf das Einsetzungswort des Brotes die Kommunion des Brotes und auf das Einsetzungswort des Kelchs unmittelbar die Kommunion des Weins erfolgen solle.

Die 1526 erschienene *Deutsche Messe* kann nicht als Fortschreibung der *Formula missae* von 1523 verstanden werden, sondern an »die Stelle des eucharistischen Komplexes von Offertorium und Hochgebet tritt die Gemeindekommunion« (Bieritz 2004, 463). Nach der Predigt wird das Vaterunser paraphrasiert, womit der christliche Glaube erklärt wird (denn der Glaube beruht auf Hören und Verstehen). Auf diese Paraphrase folgt eine kurze Ermahnung, damit die Kommunikanten das Abendmahl im rechten Glauben gebrauchen: »Zum zweiten ermahne ich euch in Christus, daß ihr mit rechtem Glauben das Testament Christi wahrnehmet, und am allermeisten die Worte, darinnen uns Christus seinen Leib und Blut zur Vergebung schenkt, im Herzen fest erfaßt, daß ihr gedenkt und dankt der grundlosen Liebe, die er uns bewiesen hat, da er uns durch sein Blut von Gottes Zorn, Sünde, Tod und Hölle erlöst hat, und darauf äußerlich Brot und Wein, das ist, seinen Leib und Blut, zur Sicherung und Pfand zu euch nehmt. Demnach wollen wir in seinem Namen und auf seinen Befehl mit seinen eigenen Worten das Testament so handhaben und gebrauchen!« (Meyer-Blanck 2009, 57). Luther schlägt erneut vor, dass Einsetzungswort und Kommunion direkt aufeinander folgen und dass während der jeweiligen Kommunion mehrere Lob- und Danklieder gesungen werden. An die Kelchkommunion schließen sich sofort die Schlusskollekte und der Segen an. Trotz des ganz anderen Verlaufs der Abendmahlsfeier, als ihn die bisherigen Traditionen der Christenheit vorsahen, darf nicht übersehen werden, dass das (eucharistische) Lob nicht vergessen wurde: Es kommt mit den Liedern der Gemeinde zum Ausdruck. Dass es nicht aus dem Mund des Liturgen kommt, stellt für Luther im Sinne seiner Wort-Theologie keinen Mangel dar.

Luther geht davon aus, dass diese Messe in deutscher Sprache gefeiert wird, was er 1523 noch nicht erwogen hatte. Die erste deutsche Messe stammt von Kaspar Kantz aus Nördlingen von 1522 (Herbst 1992, 9–12), auch Karlstadt experimentierte in Wittenberg mit einer neuen Abendmahlsordnung in deutscher Sprache, als Luther auf der Wartburg war. In weiteren deutschen Städten werden neue Abendmahlsordnungen angewendet und auch gedruckt, so z. B. im Jahr 1524 in Straßburg (Smend 1967, 123–160; Herbst 1992, 59–68), Nürnberg (Smend 1967, 160–190) sowie in Allstedt von Thomas Müntzer (Smend 1967, 94–122).

Luthers Vorschläge ebenso wie diejenigen aus anderen Städten der Reformation sowie weitere, die sich in den darauffolgenden Jahren entwickeln, gehen in viele Kirchenordnungen ein, die sich die entstehenden evangelischen Kirchentümer geben. Auf Johannes Bugenhagen, seit 1523 Stadtpfarrer in Wittenberg, gehen die Kirchenordnungen in Braunschweig (1528), Hamburg (1529), Lübeck (1531), Pommern (1535/1542), Schleswig-Holstein (1542), Braunschweig-Wolfenbüttel (1543) und Hildesheim (1544) zurück. Neben dieser Liturgiefamilie wird eine zweite entwickelt, die sich an den Nürnberger Ordnungen aus den Jahren 1524/1525 orientiert: Andreas Osiander und Johannes Brenz formulieren die Brandenburg-Nürnberger Kirchenordnung von 1533, die wiederum die Kirchenordnungen von Brandenburg (1540), Pfalz-Neuburg (1543), Preußen (1525, 1544, 1568), Nördlingen (1538 u. ö.) Mecklenburg 1540 und Veit Dietrichs *Agendenbüchlein* von 1543 beeinflusst.

2.5.2 Die reformierte Tradition

In denselben Jahren entwickelt sich in der Schweiz der reformierte Zweig der Reformation. In Zürich wirkt Huldrych Zwingli seit 1518 als Leutpriester am Großmünster und beklagt 1522 öffentlich die Missstände der Kirche. Das löst Unruhen aus, so dass es zur ersten Zürcher Disputation kommt. Zwingli veröffentlicht 1523 seine erste liturgische Schrift *De canone missae epichiresis*. Es handelt sich um eine theologische Abhandlung, die wenig an praktischen Reformbemühungen orientiert ist. Darin schlägt Zwingli vor, den bisherigen Canon missae durch vier Gebetsteile zu ersetzen und damit den Opfercharakter der Messe zu beseitigen. Die Präfation mit den Wechselrufen und dem Sanctus bleibt bestehen, darauf folgt ein von Zwingli formulierter Gebetstext, der die Heilsgeschichte erinnert, und anschließend das Vaterunser. Danach wird gebetet um die Speisung mit dem göttlichen Wort, der dritte Gebetsteil bittet um festen Glauben und um rechte Nachfolge sowie um den Heiligen Geist. Der vierte Gebetsteil integriert Inhalte des Agnus Dei, dem folgt noch eine Bitte um Sündenvergebung und um würdigen Empfang. Die Einsetzungsworte schließen sich an, daraufhin die Kommunion. Nach der Kommunion spricht der Priester ein Dankgebet, es folgen das Nunc dimittis nach Lk 2,29–32 und das Schlussgebet. Ein Segen beendet den Gottesdienst. Diese Schrift hatte keine praktischen Auswirkungen auf die Abendmahlsfeiern in Zürich. Erst Ostern 1525 sollte die erste evangelische Abendmahlsfeier stattfinden. Dafür entwirft Zwingli eine eigenständige Ordnung: *Action oder bruch [Brauch] des nachtmals, gedechtnus oder danksagung Christi, wie sy uff osteren zu Zürich angehebt wirt, im jar, als man zalt 1525* (Herbst 1992, 110–114; Meyer-Blanck, 2009, 179–185). Diese Abendmahlsfeier findet nach dem Predigtgottesdienst statt. Sie wird eingeleitet mit einem auf die Predigt folgenden Gebet. Es wird 1Kor 11,20–29 verlesen, ein Gloria gesprochen, dann Joh 6,47–63 gelesen. Das Glaubensbekenntnis, eine Abendmahlsvermahnung und das Vaterunser schließen sich an, dann ein Gebet mit Danksagung und Bitte um rechte Nachfolge und Mehrung des Glaubens. Nun werden die Einsetzungsworte verlesen mit 1Kor 11,23–26, die Kommunion schießt sich unmittelbar an. Die Danksagung nach der Kommunion wird mit Ps 113,1–9 gebetet und es folgen noch ein Dankgebet und die Entlassung mit einem Friedensgruß. (Die Ordnung findet sich noch unverändert im Zürcher Kirchenbuch I von 1969, 174–183.) Diese Abendmahlsfeier findet nicht am Altar im Chorraum statt, sondern an einem Tisch, der dafür eigens in das Kirchenschiff gestellt wurde. Die Kommunikanten bleiben in ihren Bänken sitzen, Brot und Wein werden durch die Reihen weitergegeben.

Der Predigtgottesdienst orientiert sich nicht an der Messe, sondern am Pronaus, den Zwingli selbst als Leutpriester geleitet hat. Surgant, der das einflussreiche Handbuch zum Pronaus veröffentlicht hat, war seit 1490 Pfarrer und Professor in Basel; Zwingli hat dort die Lateinschule besucht und 1502 seine Studien in Basel fortgesetzt. Zwingli waren solche Schriften also bekannt. Das lässt sich auch an der Zürcher Kirchenordnung von 1525 bzw. 1535 ablesen (Herbst 1992, 110–114), die folgende Ordnung vorsieht: Gruß – Allgemeines Kirchengebet – Vaterunser – Schriftlesung – Predigt – Offene Schuld – Ave Maria – Zehn Gebote – Glaubensbekenntnis – Entlassung.

In Genf wird 1542 eine Gottesdienstordnung eingeführt, die auf Johannes Calvin zurückgeht: *La forme des prières ecclesiastiques* (deutsche Übersetzung des französischen Textes in Herbst 1992, 115–127). Calvin hat diese Ordnung für die französische Exilgemeinde in Straßburg verfasst. Straßburg war schon früh reformatorisch, löste sich im Lauf der Jahre vom lutherischen Einfluss und glich seine Gottesdienstordnung immer weiter dem Pronaus an. In dieser Tradition verfasste Calvin in Straßburg 1540 eine Ordnung, die auch in Genf 1542 zum Zuge kommt. Auf eine Straßburger Tradition geht zurück, dass gleich nach dem Votum, das den Gottesdienst eröffnet, eine Offene Schuld folgt, auf die hin Trostworte gesprochen werden und Absolution erteilt wird. Es schließen sich an: Gesang – Gruß und Gebet – Gesang – Gebet um rechtes Hören – Gesang von Psalmen und freies Gebet um rechtes Hören – Bibeltext und Predigt – Allgemeines Kirchengebet – Vaterunser-Paraphrase – Segen.

Findet eine Abendmahlsfeier statt, wird der Gottesdienst nach der Vaterunser-Paraphrase mit dem Glaubensbekenntnis fortgesetzt, die Einsetzungsworte werden mit 1Kor 11,23–29 gesprochen, es folgt eine Bannung jener, die nicht zum Abendmahl gehen dürfen, weil sie in Sünde leben und keine Buße tun wollen, dann wird eine Abendmahlsvermahnung für alle Anwesenden gesprochen. Die Kommunion schließt sich an, währenddessen werden Psalmen gesungen oder biblische Texte verlesen. Ist die Kommunion beendet, folgen eine Danksagung und der Segen.

Diese Ordnung hat in französischsprachigen Gemeinden der Schweiz und in Frankreich erhebliche Wirkung gezeitigt. Sie wirkte dank Valérand Poullain (1520–1557), der der Nachfolger von Calvin in Straßburg wurde und Bucer nach England begleitete, bis nach England.

Auch durch Johannes Laski (1499–1560), der von Emden nach London flieht, von dort nach Emden zurückkehrt und schließlich nach Frankfurt am Main zieht, wird diese Gottesdiensttradition weit verbreitet. Bemerkenswert ist Laskis Abendmahlsordnung, weil er vorsieht, dass sie fast vollständig von der Kanzel aus durchgeführt wird. Erst zur Kommunion/Austeilung verlässt die Pfarrperson die Kanzel, setzt sich mit anderen Gemeindegliedern an einen großen Tisch und teilt Brot und Wein aus. Haben sie Brot und Wein empfangen, gehen sie zurück ins Kirchenschiff, andere Gemeindeglieder nehmen nun Platz. Das wiederholt sich solange, bis alle Gemeindeglieder kommuniziert haben; währenddessen erklingen von der Kanzel Lesungen aus Joh 6 und 13–15. Von London aus haben die beschriebenen Ordnungen in den Niederlanden, am Niederrhein, in Ostfriesland und bis hin nach Frankfurt am Main Einfluss ausgeübt.

Die bedeutendste reformierte Kirchenordnung in Deutschland ist die kurpfälzische Ordnung von 1563. Ihre dogmatische Grundlage ist der im selben Jahr erschienene Heidelberger Katechismus. Kurfürst Friedrich III. (1515–1576), auch der Fromme genannt, hat nicht nur den Heidelberger Katechismus initiiert, sondern auch die kurpfälzische Kirchenordnung. Er prägte damit seine Kurpfalz nach allerhand konfessionellen Auseinandersetzungen im reformierten Geist und hat dafür folgende Abendmahlsordnung festgelegt: Nach Predigt, Sonntagsgebet und Lied folgen die Einsetzungsworte, indem 1Kor 11,23–29 verlesen wird. Es folgt eine Vermahnung, die folgende inhaltliche Abschnitte umfasst: Selbstprüfung, Abmahnung Unbußfertiger, Tröstung Kleinmütiger, Betrachtung des Heilswerkes Christi, Zueignung im Abendmahl, Gemeinschaft mit Christus und den Brüdern. Daraufhin folgt ein Abendmahlsgebet mit Vaterunser, es wird das apostolische Glaubensbekenntnis vorgetragen. Eine kurze Vermahnung leitet die Austeilung ein. Während der Kommunion werden Lieder gesungen oder aus dem Johannesevangelium die Kapitel 14 bis 18 und Jes 53 gelesen. Die Abendmahlsfeier wird mit einem Dankgebet beschlossen. (Kurpfälzische Kirchenordnung in Sehling Bd. XIV, 383–387).

So hat sich diese Art von Predigtgottesdienst in der oberdeutschen Region ausgebreitet, weshalb man ihn auch als oberdeutschen Predigtgottesdienst bezeichnet. Je nachdem, in welchen Landstrichen man sich aufhält und Gottesdienste mitfeiert, kann man in den jeweiligen Landeskirchen diese unterschiedlichen lutherischen oder reformierten Gottesdiensttraditionen bis heute wiedererkennen.

2.6 Kasualgottesdienste

Aber nicht nur der Gottesdienst als Messe oder Predigtgottesdienst, sondern auch die Kasualgottesdienste bzw. ihre Liturgien werden verändert.

Im Jahr 1523 hat Luther nicht nur zur Reform der Messe, sondern auch zur Reform des Taufgottesdienstes publiziert, nämlich *Das tauff buchlin verdeutscht* (WA 12, 42–46). 1526 folgt eine erweiterte Form *Das tauff buchlin verdeutscht, auffs new zu gericht* (WA 19, 537–541), die weit über die ersten Reformvorschläge hinausgeht, da manchem Kritiker die Reform nicht weit genug gegangen war. Die Reform sah vor, die Taufe in deutscher Sprache durchzuführen, Doppelungen zu vermeiden, die Ordnung zu straffen und die Vielzahl der Exorzismen zu kürzen. 1526 fielen zusätzlich manche Zeichenhandlungen weg, die in heutige Agenden wieder eingeführt worden sind, wie z. B. die Überreichung des Taufkleids oder der Taufkerze. Luther legt Wert darauf, dass es nicht auf »euserliche stücke« ankommt, wie z. B. das »westerhembd [Taufkleid] anzihen/vnd brennend kertzen ynn die hand geben«, sondern »dass du ym rechten glauben da stehest/Gottes wort hörest/vnd ernstlich mit betest« (WA 19, 538). Gleichwohl bleibt Luther wie auch mit seiner Messreform innerhalb der bisherigen Tradition. Zwingli dagegen passt die Taufe den damals tatsächlichen Gegebenheiten an, denn nun werden nicht mehr die zu taufenden Säuglinge nach dem Glauben gefragt, sondern es werden die Erwachsenen, die ein Kind zur Taufe bringen, nach dem Taufbegehren gefragt und sie werden über ihre Aufgabe belehrt, das Kind in den Glauben einzuführen (Jilek 2003, 308). Calvin hat sich der Ordnung Zwinglis angeschlossen.

Die römisch-katholische Kirche hat im Anschluss an das Trienter Konzil im Rituale Romanum von 1614 auch die Taufliturgie (Ordo baptismi parvulorum, Tit. II c.2.) erneuert, ist aber im Wesentlichen bei der herkömmlichen, mittelalterlichen Ordnung verblieben. Die lateinische Sprache wird beibehalten, ebenso die zahlreichen Zeichenhandlungen und die Exorzismen. Es gibt zwar je eine Taufordnung für Säuglinge und Erwachsene, aber sie unterscheiden sich kaum. Selbstverständlich wird jetzt der Erwachsene nach seinem Taufwillen und Glauben gefragt, bei der Säuglingstaufe werden die Paten gefragt.

Auch die Trauliturgie erfährt Veränderungen, zumal Luther die Ehe nicht als Sakrament versteht. Trotzdem bleibt Luther in der bisherigen Tradition, in der sich jüdische und griechische wie römische Einflüsse finden. Wesentlich waren für eine Ehe im Judentum das Einverständnis zwischen dem Bräutigam und dem Vater der Braut, die Übergabe der Braut an den Bräutigam, das Segensgebet, die Beurkundung der Ehe und das Festmahl. Griechische wie römische Einflüsse sind bis heute im Brauchtum lebendig: der Ehering, das wechselseitige Reichen der rechten Hände, der Brautkuss, der Brautschleier, das Festmahl, dass die Braut vom Bräutigam über die Türschwelle des neuen Zuhauses getragen wird. In dieser Tradition gilt bis heute: Consensus facit nuptias. Die Ehe kommt durch die Willenserklärung der beiden Ehewilligen zustande.

Aus den ersten Jahrhunderten ist nur aus wenige Quellen zu erkennen, wie eine christliche Eheschließung vollzogen wurde (Bieritz 2004, 661f). Neben dem Segensgebet wurde wohl die Eheschließung mit einer Eucharistiefeier verbunden. Die Eheschließung nahmen Geistliche vor, sie übernahmen auch Aufgaben, die in den häuslichen Bereich gehörten und ursprünglich dem Familienvater oblagen. In karolingischer Zeit setzt ein Kampf gegen die nichtöffentliche (klandestine) Ehe ein. Die Eheschließung wurde vom Haus an das öffentliche Stadttor verlegt, so dass man von einer Brauttorvermählung spricht. Später wurde der Ehekonsens vor der Kirchentüre erfragt. Noch das Rituale Romanum von 1614 kämpft gegen die klandestine Ehe. Die Brautleute müssen in der Kirche, also in der Öffentlichkeit, vor dem Pfarrer das Eheversprechen abgeben. Er spricht sie daraufhin zusammen. Auch Luther hat in seinem *Traubüchlin für die einfältigen Pfarrherrn* von 1529 die Tradition der öffentlichen Brauttorvermählung weitergeführt, indem der Ehekonsens vor der Kirchentür erfragt wird und in der Kirche Schriftlesungen und Ehesegen folgen. Da für Luther die Ehe nicht heilsnotwenig ist und keine erlösende Wirkung hat, ist sie für ihn kein Sakrament, gleichwohl aber ein göttliches Werk: »Denn obs wol ein welltlicher stand ist/so hat er dennoch Gotts wort für sich/vnd ist nicht von menschen ertichtet odder gestifftet.« Denn als »ein Göttlich werck vnd gebot« bedarf die Ehe »des Göttlichen segens vnd gemeinen gebets« (WA 30 III, 75f). In diesen beiden Traditionen stehen die beiden großen Kirchen Deutschlands bis heute, mit dem Unterschied, dass die Öffentlichkeit der Ehe seit dem 19. Jh. durch den Staat garantiert wird mittels der standesamtlichen Eheschließung.

Wie bei der Trauung wurden auch bei der Bestattung in der Frühzeit des Christentums die Bräuche der Zeit weitergeführt. Allerdings galt der Tod als ein Übergang zur himmlischen Heimat. Der Christ hat auch mit seinem eigenen Tod Anteil an Christi Tod und stirbt in der Hoffnung auf Auferstehung. Man lehnte eine Verbrennung der Toten ab, weil man ja wie Christus zur Auferstehung begraben wird, und ebenso eine Totenklage, wie es in der jüdischen und hellenistischen Kultur üblich war, weil das Klagen dem Osterglauben widerspricht. Deshalb wurden statt der Totenklage Psalmen, Lesungen und Gebete gesprochen. Daraus ging eine eigene Sterbe- und Bestattungsliturgie hervor. Die geistliche Begleitung des Sterbenden wurde mit der Begräbnisliturgie fortgesetzt. Es entwickelte sich ein eigenständiger Gottesdienst, Gedächtnistage für Verstorbene wurden begangen und am Grab des Verstorbenen wurden Totenmähler gehalten zu seinem Andenken und in Gemeinschaft mit ihm. Die Totenmähler wandelten sich im Laufe der Zeit zu Eucharistiefeiern. Auch den Sterbenden wurde die Eucharistie als Wegzehrung (ἐφόδιον/viaticum) gereicht. So entwickelt sich eine Sterbe- und Begräbnisliturgie, die in Rom seit dem 7./8. Jh. erkennbar wird: Der Sterbende erhält das Viaticum. Ist er verstorben, wird ein Sterbegebet gesprochen. Die Trauernden ziehen mitsamt dem Leichnam unter Psalmengesang zur Kirche, wo eine Messe gefeiert wird. Nach der Messe – wieder unter Psalmengesang – zieht die Trauergemeinde zum Grab, wo der Verstorbene mit Gebeten bestattet wird. Im Mittelalter tritt die Auferstehungshoffnung, in der die Bestattung begangen wurde, stark hinter die Angst vor dem Gericht Gottes zurück. Entsprechend erhalten die Fürbitten für die Toten eine eminente Bedeutung. Zum Viaticum kommt nun die Letzte Ölung als ein eigenes Sterbesakrament hinzu. Das Zweite Vatikanische Konzil (1962–1965) hat die Letzte Ölung als Krankensalbung erneuert, weil nicht die Angst vor dem Tod, sondern die Hoffnung auf Heilung und ewiges Heil im Blick sein soll.

Luther hat keine eigene Begräbnisordnung vorgelegt. Zwar hält man im Allgemeinen an den Üblichkeiten fest, aber nicht mehr der Tote, sondern die zu tröstenden Trauernden stehen im Blickfeld: An die Stelle einer Totenmesse tritt ein Gottesdienst mit Schriftlesungen, Predigt und Gebet. Den Fürbitten für die Toten steht die Orientierung am Rechtfertigungsglauben entgegen, man will nicht auf das postmortale Geschick des Toten einwirken, sondern der Gemeinde wird die Auferstehung der Toten verkündigt. Damit tritt die Bedeutung der Auferstehungshoffnung für die christliche Begräbnisliturgie wieder deutlicher in den Vordergrund.

Das mittelalterliche Opferverständnis, dass der Priester die gewandelten Gaben als Leib und Blut Christi Gott opfert, hat die Reformation verworfen. Die Heilsvermittlung nicht durch Werke, sondern durch Glauben resp. Sprache tritt an seine Stelle. Gott spricht zu den Menschen, und darin liegt das Heil begründet. Damit wird die »Gottesdienstrichtung« grundlegend geändert: Nicht das Einwirken der Menschen auf Gott durch Werke, sondern Gottes Einwirken durch sein Wort auf die Menschen soll in der Liturgie zur Darstellung kommen. Die daraus resultierenden reformatorischen Gottesdienstreformen vollzogen sich in zwei Richtungen: zum einen die lutherische Linie, die an die Messe anknüpft, und zum anderen die reformierte Linie, die an den Pronaus anknüpft und als oberdeutscher Predigtgottesdienst bezeichnet wird. Ausgehend von dieser Wort-Gottes-Theologie sind auch die Kasualgottesdienste verändert worden.

2.7 Gegenreformation und römisch-katholische Kirche bis heute

Auf die Reformation reagiert die römisch-katholische Kirche mit dem Konzil von Trient (1545–1563). Die westliche Theologietradition wird in Bezug auf die Messe bzw. das Messopfer bestätigt. In diesem Sinne wird auch das Priestertum hervorgehoben, den Laien soll sogar der Inhalt des Kanons unbekannt bleiben, weshalb der Priester diese Worte leise beten soll. Eine Beteiligung der Glaubenden an der Messfeier ist nicht wirklich nötig, denn der Priester kann das Messopfer auch ohne Gemeinde darbringen. Die Reform des Messbuchs wird auf der Schlusssitzung des Konzils dem Papst übertragen. 1570 erscheint das *Missale Romanum ex decreto Sacrosancti Concilii Tridentini restitutum.* Papst Pius V. setzt es mit einer Bulle in Kraft, in der er vorschreibt, dass dieses Missale überall in der römisch-katholischen Kirche eingeführt werden soll, falls nicht eine über zweihundertjährige Eigentradition besteht. An dieser Messe darf nichts verändert werden, womit das Prinzip der Einheitlichkeit für die gesamte römisch-katholische Kirche eingeführt wird. Dieses Prinzip gilt bis zum Zweiten Vatikanischen Konzil (1962–1965), denn 1970 wird nach 400 Jahren ein neues Missale Romanum in Kraft gesetzt, das die strenge Einheitlichkeit nicht mehr in dieser Weise kennt: Zumindest die zuvor festgeschriebene lateinische Sprache, in der überall die Messe zu feiern war, kann nun durch die landeseigenen Sprachen ersetzt werden, in die das Messbuch auch übersetzt wurde. Für das deutsche Sprachgebiet wurde dieses Messbuch 1975 veröffentlicht.

Trotz der vom Trienter Konzil gewünschten Einheitlichkeit der Liturgie bis in die Sprache hinein bleibt die Liturgie natürlich nicht in allen Ländern der römisch-katholischen Kirche einheitlich. Die jeweiligen kulturellen Gegebenheiten spielen für die Gestaltung der Messe immer eine eigene Rolle. Die Epochen nach 1570 – das Barockzeitalter, die Aufklärung, die Romantik, die moderne Gegenwart – gehen nicht spurlos an der Feier und an der Gestaltung der Messe vorbei. Das zeigt sich in der Musik, der Kunst, im Kirchenbau und dem damit verbundenen Lebensgefühl ebenso wie in der Entwicklung des Messbesuchs, in der Glaubenshaltung auf dem Land und in der Stadt, durch die Industrialisierung, Demokratisierung, Subjektivierung und Digitalisierung der menschlichen Kultur. Die Messe ist in Afrika und in Deutschland z. B. immer in kulturell unterschiedlicher Prägung gefeiert worden, die Stärke ihrer Einheitlichkeit war aber sicherlich, dass in der römisch-katholischen Kirche an einem Sonntag dieselben Gebete und Lesungen und dasselbe Hochgebet überall gefeiert wurden. Darin kam und kommt bis heute ihre supranationale Bedeutung als Kirche zum Tragen.

Der erste Beschluss des Zweiten Vatikanischen Konzils, der 1963 gefasst wurde, galt der Liturgie. Diese *Konstitution über die heilige Liturgie (Sacrosanctum Concilium, Abkürzung: SC)* hatte für die Reform der Messe ganz erhebliche Folgen. Nicht mehr nur das Messopfer, sondern eine heilsgeschichtliche Sicht der Liturgie wird nun zugrunde gelegt. Das »Pascha-Mysterium« erhält jetzt eine tragende Bedeutung, weil das geschichtliche Handeln Gottes und das Heilshandeln Gottes im Gottesdienst der Kirche miteinander verknüpft werden (Schrott 2014). Die Glaubenden werden in das geschichtliche Heilshandeln Gottes hineingenommen. Insofern spricht die Konstitution SC 5–7 nicht nur von *Katabase*, dass Gott sich den Menschen zuwendet, und von *Anabase*, dass die Menschen sich Gott zuwenden, sondern auch von *Diabase*: Die Menschen werden hineingenommen in das Pascha-Mysterium und somit verwandelt durch die Kraft des Heiligen Geistes, da sie vom Unglauben zum Glauben, vom Tod zum Leben »hindurchgegangen« sind. War es die aus dem mittelalterlichen Denken herkommende Auffassung, im Gottesdienst werden dem Glaubenden Gnaden(gaben) durch den Kleriker zugeteilt, so ist diese neue, geschichtlich und pneumatologisch zu denkende Vorstellung ganz anders: Die Glaubenden einschließlich des Priesters nehmen in der Liturgie an der neuen Wirklichkeit teil. Den Glaubenden wird also nicht mehr durch den Priester eine Gnadengabe aus einer fernen, gar fremden Wirklichkeit zugeteilt, sondern das Konzil spricht von »der vollen, bewußten und tätigen Teilnahme an den liturgischen Feiern« (SC 14), die alle Glaubenden meint und nicht nur den Priester. Auch die biblischen Lesungen werden aufgewertet, und der Wortteil der Messe wird nicht mehr als eine Vormesse definiert, die dem Eigentlichen der Messe, dem Messopfer, nur vorausgeht. Dieses Verständnis hatte sogar Auswirkungen auf die Teilnahme an der Messe gehabt, denn viele Glaubende kamen erst zur Feier des Messopfers in die Kirche und verpassten den eher für unwichtig gehaltenen Wortteil. Darum betont das Konzil: »Die beiden Teile, aus denen die Messe gewissermaßen besteht, nämlich Wortgottesdienst und Eucharistiefeier, sind so eng miteinander verbunden, daß sie einen einzigen Kultakt ausmachen. Daher mahnt die Heilige Versammlung die Seelsorger eindringlich, sie sollen in der religiösen Unterweisung die Gläubigen mit Eifer belehren, an der ganzen Messe teilzunehmen, vor allem an Sonntagen und gebotenen Feiertagen.« (SC 56).

Für die römisch-katholische Kirche in Deutschland kann man konstatieren, dass sich diese neue Teilnahme an der Messe im Allgemeinen durchgesetzt hat. Die Messe ist also auch ein dialogisches Geschehen, was deutlich in SC 33 zum Ausdruck kommt, wobei diese Sätze an Luthers Definition von gottesdienstlicher Kommunikation erinnern: »Denn in der Liturgie spricht Gott zu seinem Volk; in ihr verkündet Christus noch immer die Frohe Botschaft. Das Volk aber antwortet mit Gesang und Gebet.« Das Konzil hält fest, dass »Christus seiner Kirche immerdar gegenwärtig [ist], besonders in den liturgischen Handlungen. Gegenwärtig ist er im Opfer der Messe sowohl in der Person dessen, der den priesterlichen Dienst vollzieht (...) wie vor allem unter den eucharistischen Gestalten. Gegenwärtig ist er mit seiner Kraft in den Sakramenten, so daß, wenn immer einer tauft, Christus selbst tauft. Gegenwärtig ist er in seinem Wort, da er selbst spricht, wenn die heiligen Schriften in der Kirche gelesen werden.« Darum »gilt also die Liturgie als Vollzug des Priesteramtes Jesu Christi; durch sinnenfällige Zeichen wird in ihr die Heiligung des Menschen bezeichnet und in je eigener Weise bewirkt und vom mystischen Leib Jesu Christi, d. h. dem Haupt und den Gliedern, der gesamte öffentliche Kult vollzogen.« (SC 7).

Obwohl diese Konstitution mit 2147 Ja-Stimmen und nur 4 Nein-Stimmen beschlossen wurde, ist doch mit ihr ein gewisses Schisma in der römisch-katholischen Kirche entstanden. Erzbischof Lefèbvre lehnte die Neuerungen in der Liturgie (und ebenso andere Neuerungen, insbesondere die Anerkennung der Religionsfreiheit) ab und blieb bei der Liturgie, die vor dem Konzil in Geltung war. 1970 gründete er dafür die Priesterbruderschaft St. Pius X., die 1975 die kirchliche Anerkennung verlor. Eine wirkliche Verständigung ist bis heute nicht geglückt, obwohl Papst Benedikt XVI. mit seinem Motu proprio *Summorum Pontificum* vom Juli 2007 die Messe in der vorkonziliaren Form von 1962 genehmigte und damit die ordentliche Form von 1970 und die vorkonziliare, außerordentliche Form in der letzten Ausgabe des Messbuchs von 1962 gleichstellte. Das hat zu erheblichen Diskussionen, wenn nicht gar zu Irritationen unter den Theologen geführt (Neijenhuis 2013). Auch die Übersetzungsinstruktion *Liturgiam authenticam* von 2001 während des Ponitifkats von Johannes Paul II. hat Irritationen hervorgerufen, so dass das Messbuch von 2002, das die Tradition des Messbuchs von 1970 fortführt, bislang (2020) keine deutsche Übersetzung erfahren hat. Mit dem Motu proprio *Magnum principium* von Papst Franziskus werden andere Möglichkeiten einer angemessenen Übersetzung aufgezeigt, die eine Chance auch für eine deutsche Übersetzung bieten (Kranemann 2018).

Auf die Reformation reagierte Rom mit dem Trienter Konzil, und im Wesentlichen bestätigte es die mittelalterliche Lehre. Liturgisch ist das Ergebnis das Missale Romanum von 1570, das eine Einheitsliturgie für die ganze römisch-katholische Kirche schaffen sollte. Diesen engen Weg führte das Zweite Vatikanische Konzil 400 Jahre später nicht weiter, die Messe wurde reformiert, das klerikale Messopferverständnis überwunden, Wort- und Sakramentsteil sind aufeinander bezogen, die Gemeinde soll wesentlich am Vollzug der Messe beteiligt sein.

2.8 Die nachreformatorische Entwicklung der evangelischen Kirchentümer bis heute

2.8.1 Agendenentwicklungen

Die sich konsolidierenden evangelischen Kirchentümer orientierten ihr gottesdienstliches Leben anhand der neuen Kirchenordnungen (Sehling), die bis nach dem Dreißigjährigen Krieg in Geltung blieben. Die altprotestantische Orthodoxie vermochte in den Wirren der nachreformatorischen Zeit und des Dreißigjährigen Krieges auch in liturgischer Hinsicht Stabilität und Orientierung zu vermitteln. Man hielt sozusagen orthodox an der reformatorischen Richtung fest, sei sie lutherisch oder reformiert, wie sie eben von Luther oder Calvin geformt worden war. Die Predigten erhielten in den Krisenzeiten lehrhafte Züge, die Feier der Liturgie ermöglichte dem Lied und der Kirchenmusik eine Blütezeit. Die Gottesdienste konnten eine Dauer von drei Stunden annehmen, wobei allein schon die Predigt eine Stunde dauerte. Ab der Mitte des 17. Jh.s sind Klagen über den Rückgang der Gottesdienstteilnahme zu vernehmen. Auch partielle Teilnahme am Gottesdienst, ganz ähnlich der katholischen Teilnahme nur am Messopfer, stellt sich ein. Die Aufklärungszeit macht dann vollends deutlich, dass nicht mehr allein ein objektiver Vollzug der Liturgie das Christentum bzw. die eigene Kirche glaubhaft macht, sondern der subjektive Vollzug der Liturgie gewinnt zunehmend an Gewicht. Hinzu kommt der kulturelle Wandel einer ganzen Gesellschaft vom agrarischen zum industriellen Leben. Im Pietismus meldet sich das Subjekt religiös deutlich zu Wort: Auf jeden Einzelnen zielt die Erneuerung des geistlichen Lebens, das Nikolaus Graf von Zinzendorf (1700–1760) im Blick hat. Liturgische Veränderungen knüpfen nicht mehr an die klassischen liturgischen Traditionen an, wie z. B. die Entwicklung des Losungsbuches, das bis heute weltweit in Gebrauch ist. Es entsteht eine subjektbezogene, emotional dichte Frömmigkeit.

Die Gesellschaft differenziert sich im Zuge des kulturellen Wandels weiter aus, als es bisher denkbar war: Die überkommene Ständestruktur verliert ihre Plausibilität, neue Techniken und Lebensweisen, neues Denken in Kultur und Politik, die aufkommenden Naturwissenschaften (Darwin) und das neue Weltbild (Kopernikus) setzen den orthodoxen, herkömmlichen christlichen Lebenswelten, Denkweisen und Glaubenshaltungen erheblich zu. Die fortschreitende Ausdifferenzierung der Gesellschaft ermöglicht es nicht mehr, den einen alles umgreifenden Gottesdienst bzw. eine einheitliche Liturgie zu positionieren, was sich im Rückgang der Gottesdienstteilnahme und in den Änderungen der Teilnahmegewohnheiten zeigt. Galt bisher die Teilnahme am sonntäglichen Gottesdienstrhythmus als verpflichtend, so entwickelt sich nun eine Teilnahme, die sich jahreszyklisch an den großen Festen wie Weihnachten, Karfreitag und Ostern etc. orientiert und sich lebenszyklisch zeigt anhand von Familienereignissen, wie z. B. Taufe oder Trauung. Zudem nehmen die gebildeteren Schichten Abstand von der typischen Kirchlichkeit. Darauf reagiert die Aufklärungsliturgik. Noch liegt das *ius liturgicum* beim Landesfürsten, gleichwohl werden Agenden von Privatpersonen konzipiert, die an Einfluss gewinnen. Als Konzept wird vorgeschlagen, dass der Gottesdienst ein Thema haben, vernünftig und nachvollziehbar und in sich stimmig sein soll. Das Lehrhafte sogar der Gebete wird stark betont. Das Ziel ist, dass sich der evangelische Gottesdienst der zeitgenössischen Kultur öffnet und sich ihr auch anpasst. Eine besondere Bedeutung erlangt die von dem Generalsuperintendenten Jakob Georg Christian Adler verfasste private Agende, die auf königlichen Befehl hin 1797 zur offiziellen Schleswig-Holsteinischen Kirchenagende wird.

Als nun die herkömmlichen liturgischen Formen verändert, manchmal auch aufgelöst wurden, erhob sich gegen diese Rationalitätsbestrebungen eine andere liturgische Bewegung: die des Neuluthertums. Man bemühte sich, wieder die klassischen liturgischen Formen einzuführen. Insbesondere Wilhelm Löhe (1808–1872) legte zu diesem Zweck eine beachtliche Agende

(1844, [2]1853) vor: »Löhe beschrieb den Gang der Messe als Aufstieg auf einen Berg mit zwei Gipfeln (Predigt und Abendmahl). In dramatischen Bildern entstand die Vision einer kultischen Theophanie. Hier entwarf und deutete ein Romantiker ein religiöses Gesamtkunstwerk, das opernhafte Züge annahm. Darin zeigt sich die Modernität Löhes: Er hat stets das subjektive Erleben der Gemeinde im Blick und bedient sich (unbewußt) der liturgiepsychologischen und -didaktischen Erkenntnisse der Aufklärung, baut Spannungen auf, setzt ›Intervalle‹ und führt eine szenische liturgische Regie, die Worte und Gesten, optische und akustische Signale genau aufeinander abstimmt.« (Cornehl 1985, 66).

Aber nicht nur Privatagenden, sondern auch die offizielle Kirche bzw. ihr Landesherr als *summus episcopus* griff in die Entwicklung der Liturgie ein. Es war der preußische König Friedrich Wilhelm III. (1797–1840), der, durchaus in liturgischen Dingen bewandert, eine eigene Agende schuf und sie 1816 für die Hof- und Garnisonsgemeinden zu Potsdam und Berlin in Gebrauch nahm. 1821/1822 wurde sie auch für die Armee und für die Hof- und Domkirche zu Berlin eingeführt. Die Liturgie hat einen eigenwilligen Aufbau, da sie sozusagen als ein Vorlauf auf den Höhepunkt des Gottesdienstes, der in der Predigt gesehen wird, erlebt wird: Von der Eröffnung des Gottesdienstes über Schriftlesungen und Glaubensbekenntnis wird die Feier weitergeführt zur Präfation mit Sanctus, obwohl gar keine Abendmahlsfeier intendiert ist. Stattdessen wird dieser Gebetsteil als Lob vor dem Allgemeinen Kirchengebet verstanden, das mit dem Vaterunser beschlossen wird. Nach dem Gemeindegesang wird mit der Predigt der Höhepunkt des Gottesdienstes erreicht. Ihr folgt abrupt der aaronitische Segen, der Gottesdienst ist beendet. Es kann dann im Anhang dazu noch eine Abendmahlsfeier begangen werden. Um diese Agende entstand ein heftiger Streit, erst nach und nach und mit Veränderungen setzte sie sich in Provinzialagenden durch. König Friedrich Wilhelm IV. (1840–1861) legte 1856 eine Revision dieser Agende vor, die preußische Generalsynode veranlasste weitere Revisionen, die schließlich in die *Agende für die Evangelische Landeskirche* 1895 mündeten.

Die preußische Kirche ist eine Unionskirche, zusammengeführt aus der lutherischen und reformierten Tradition, was sich auch an den Liturgien dieser Agende zeigt: Als zwei Varianten der Gottesdienstfeier werden der Messtyp lutherischer Prägung und der oberdeutsche Predigtgottesdiensttyp ausgeführt. Wenn man so will, kann man in diesem Agendentyp den Vorläufer für das mehr als 100 Jahre später eingeführte Evangelische Gottesdienstbuch erkennen: Die lutherischen und die unierten Kirchen der

EKD gaben sich 1999 eine gemeinsame Agende, und wieder wurden der Messtyp und der Predigtgottesdiensttyp aufgenommen.

Bevor es aber dazu kam, entwickelte sich zunächst aus der älteren liturgischen Bewegung die jüngere liturgische Bewegung. Und nach dem Zweiten Weltkrieg gab es innerhalb der EKD zwei Agenden: die lutherische von 1955 und die unierte von 1959.

Die ältere liturgische Bewegung hatte an einer konfessionellen Liturgik kaum Interesse, sondern versuchte in liberalem Geist den Gottesdienst für die Moderne zu öffnen. Diese kirchliche Strömung wird zu Recht als Kulturprotestantismus bezeichnet, weil eine Synthese mit der damaligen Kultur versucht wurde. Für diese Bewegung stehen die beiden Theologieprofessoren Julius Smend (1857–1930) und Friedrich Spitta (1852–1924). Sie verschafften sich mit der *Monatschrift für Gottesdienst und kirchliche Kunst*, die ab 1896 erschien und 1941 ihr Erscheinen einstellen musste, einen großen Einfluss, weil darin regelmäßig Gestaltungsmöglichkeiten etc. für den Gottesdienst angeboten wurden. Smend veröffentlichte auch eine Privatagende. Offenbar verloren durch diese Publikationen die offiziellen kirchlichen Agenden an Relevanz. Die ältere liturgische Bewegung mit ihrem Kulturprotestantismus geriet mit der Katastrophe des Ersten Weltkriegs, die die Werte, Normen und das Lebensgefühl der bürgerlichen Kultur erschütterte und in Frage stellte, an ihr Ende.

Es formierte sich eine jüngere liturgische Bewegung, die vielgestaltiger und bei Weitem nicht so homogen wie die ältere Bewegung war. Zu nennen ist hier der Theologieprofessor Rudolf Otto (1869–1937), der in den Mittelpunkt seiner liturgischen Bemühungen die mystische Erfahrung des Heiligen stellte, die »in gewisser Weise den Versuch einer relecture der kulturprotestantischen Liturgik unter den neuen geistig-kulturellen Bedingungen« (Bieritz 2004, 544) darstellte. Schon 1918, zum Ende des Ersten Weltkriegs, gründet sich die hochkirchliche Bewegung, die sich an der neulutherischen Tradition sowie an den anglikanischen und altkatholische Kirchen orientiert und auch ostkirchliche Vorbilder aufnimmt und damit die Ökumenizität des Gottesdienstes (der Kirche) hervorhebt. Die Kirche in ihrer historischen Tradition und weniger die gesellschaftlichen bzw. kulturellen Gegebenheiten sind Orientierungspunkte.

Dagegen nahm der Berneuchener Kreis (seit 1923) Impulse aus der Jugendbewegung auf, Wilhelm Stählin und Karl Bernhard Ritter gründeten die aus dem Berneuchener Kreis hervorgegangene Michaelsbruderschaft (1931), die sich der Ökumene zuwendet. Der Alpirsbacher Kreis (1933) ist aus den *Kirchlichen Wochen* im Kloster Alpirsbach hervorgegangen und pflegt die klassische Gregorianik für Stundengebet und Messe. Ganz konfessionell-lutherisch entwickelt sich die Lutherische Liturgische Konferenz Deutschlands, die 1941 von Christhard R. Mahrenholz gegründet wurde. Sie wirkt federführend an der Erneuerung der Agende mit, die nach dem Zweiten Weltkrieg erarbeitet wurde und 1955 als Agende für evangelisch-lutherische Kirchen und Gemeinden erschien. Auch die unierten Kirchen nahmen sich die Erneuerung ihrer Agende vor, so dass 1959 die Agende für die Evangelische Kirche der Union erschien.

Beide Agenden stellten die klassische Tradition des Gottesdienstes in den Vordergrund, wobei sich die lutherische Tradition wieder an der Messe orientierte und die unierten Kirchen sich erneut am Predigtgottesdienst (Pronaus) ausrichteten. Damit hoffte man, die Fehlorientierungen zu überwinden, die es in der nationalsozialistischen Zeit auch auf dem liturgischen Gebiet gegeben hatte, allerdings zu dem Preis, »eine in sich geschlossene, jedem gesellschaftlichen und kulturellen Wandel weitgehend entnommene kirchliche Lebenswelt zu rekonstruieren.« (Bieritz 2004, 546). Peter Cornehl beurteilte diese Entwicklung als »liturgische Restauration«, damit folge die Kirche der gesamtgesellschaftlichen Entwicklung der Restauration in Politik und Kultur nach der Katastrophe des Zweiten Weltkriegs und dem Zivilisationsbruch, der damit erlebt wurde. »Die Agenden waren ein wichtiger Faktor bei dem Versuch, noch einmal Kirche als ›gesellschaftliche Ordnungsmacht‹ wiederzuerrichten, um den verunsicherten, politisch enttäuschten, durch Flucht oder wirtschaftlichen Zusammenbruch entwurzelten Menschen Dauer und Geborgenheit in unsicheren Zeiten zu verschaffen.« (Cornehl 1985, 77f). Gleichwohl setzen schon in den 1960er Jahren Reformversuche ein, die wieder die gesellschaftlich-kulturellen Entwicklungen wahr- und aufnehmen. Die neu entstehenden Gottesdienstformen zeigen durch ihre Bezeichnung ihren Willen zur Innovation an: Aktion Gottesdienst, Politisches Nachtgebet, Liturgische Nacht, Feierabendmahl. Im traditionellen Rahmen des Gottesdienstes treten Jugend- und Familiengottesdienste hinzu. Wenn man so will, kommen hier Anliegen der Aufklärungsliturgik wieder zum Vorschein.

Aber auch die Arbeit an den offiziellen kirchlichen Agenden setzt ab 1965 wieder ein. Die Lutherische Liturgische Konferenz beschließt Grundsätze für die Weiterarbeit an der Agende. 1979 erscheinen revidierte Gebetstexte zu Agende I. 1978 erscheint die überarbeitete Lese- und Predigtperikopenordnung. Von großer Tragweite ist das 1974 veröffentlichte *Strukturpapier*. Es leitet konzeptionell eine neue Agende ein, denn als Ziel wird formuliert, »die Kritik an der unelastischen Starrheit des Gottesdienstes nach der Agende ernstzunehmen, der den Fragen und Bedürfnissen des Menschen der Gegenwart im Panzer einer hochstilisierten Liturgie gegenübertritt, aber zugleich gegenüber der willkürlichen Auflösung der gottesdienstlichen Ordnung an einer verbindlichen und wiederholbaren Gestalt festzuhalten, in der sich die Gemeinde heimisch fühlen kann.« (Bieritz 2004, 550).

So beschlossen 1980 die VELKD und EKU, dass eine neue Agende für beide Kirchenbünde erarbeitet werden soll; der Beschluss galt nicht nur für die BRD, sondern auch für die Kirchen in der DDR. Daraufhin wurde 1990 der *Vorentwurf Erneuerte Agende* zur Diskussion gestellt, und es konnte, nachdem zahlreiche Stellungnahmen berücksichtigt worden waren, 1999 zum 1. Advent das *Evangelische Gottesdienstbuch* in Gebrauch genommen werden. Es vereint in sich die lutherische und die unierte Tradition, wie es schon die preußische Agende von 1895 getan hatte. Das Gottesdienstbuch weist zunächst zwei Grundformen auf: Grundform I stellt den Messtyp dar, Grundform II nimmt den oberdeutschen Predigtgottesdienst auf. Der Gottesdienst wird grundlegend in vier Teile gegliedert: A Eröffnung und Anrufung, B Verkündigung und Bekenntnis, C Abendmahl, D Sendung und Segen. Die Grundform II stellt den dritten Teil C Abendmahl in eckige Klammern, die signalisieren, dass dieser Teil als fakultativ anzusehen ist. Zu den beiden Grundformen werden zahlreiche Gestaltungsvarianten vorgeschlagen, so dass trotz der bleibenden Struktur abwechslungsreiche Gottesdienste gestaltet werden können.

Die Agende legt auch weitere Formulare für bestimmte Gottesdienstsituationen vor, so z. B. Gottesdienste mit kleiner Teilnehmerzahl oder Gottesdienste in offener Form, wie Familiengottesdienste oder das Feierabendmahl. In der Einführung zum Evangelischen Gottesdienstbuch heißt es, dass es sich unterscheide »von herkömmlichen Agenden, die nur ordnen, ›was zu tun ist‹. Es enthält Anregungen, Hilfen und einen Rahmen, um Gottesdienste so zu gestalten, dass sie für Menschen in einer säkularisierten, multikulturell geprägten Gesellschaft einladend wirken und mitvollzogen werden können.« (Evangelisches Gottesdienstbuch 1999, 14). Diese Agende ist also auch ein Arbeitsbuch, weil sie nicht einfach schon festgelegte Liturgien bereitstellt, sondern erwartet, dass der Gottesdienst anhand der Grundformen und der vielen Varianten situationsgerecht vorbereitet wird. Deshalb sind auch die sieben maßgeblichen Kriterien, die für die Erarbeitung dieser Agende bestimmend waren, für ihren Gebrauch weiterhin von bleibender Bedeutung. Es wird festgestellt, dass (1) der Gottesdienst unter der Verantwortung und Beteiligung der ganzen Gemeinde gefeiert wird, dass (2) der

Gottesdienst eine erkennbare, stabile Grundstruktur hat und vielfältige Gestaltungsmöglichkeiten offenhält, dass (3) bewährte Texte aus der Tradition und neue Texte aus dem Gemeindeleben für gleichwertig erachtet werden, dass (4) der evangelische Gottesdienst im Zusammenhang mit den Gottesdiensten anderer Kirchen der Ökumene steht, dass (5) die verwendete Sprache niemanden ausgrenzen darf, dass (6) das liturgische Handeln und Verhalten den Menschen leibhaft und sinnlich einbezieht, dass (7) die Christenheit mit Israel als dem erstberufenen Gottesvolk bleibend verbunden ist.

2.8.2 Die neuen Kasualagenden

Auch die Agenden für die Kasualien sind überarbeitet und erneuert worden, zum Teil – wie das Gottesdienstbuch – für beide Kirchenbünde gemeinsam: Die VELKD (Vereinigte Evangelisch-Lutherische Kirche Deutschlands) gab 1988 die letzte Taufagende heraus, die EKU (Evangelische Kirche der Union) publizierte 2000 eine neue Taufagende, im Jahr 2018 erschien dann ein gemeinsamer Entwurf der Taufagende. Die Konfirmationsagende von 2001 ist ebenfalls eine gemeinsame Agende. Des Weiteren ist 2012 eine gemeinsame Agende für Berufung, Einführung und Verabschiedung (z. B. Ordination, Einführung eines Pfarrers in den Gemeindedienst, Einführung ehrenamtlich Mitarbeitender, Verabschiedung aus einem kirchlichen Dienst, etc.) erschienen. Für die anderen Kasualagenden gibt es zurzeit folgende Ausgaben: die VELKD publizierte 1988 eine Trauagende, die UEK (Zusammenschluss seit dem 1. Juli 2003 von EKU und Arnoldshainer Konferenz als Union Evangelischer Kirchen in der EKD) gab 2006 ihre Trauagende heraus; für die Bestattung haben die VELKD 1996 und die UEK 2004 neue Agenden herausgegeben. Neben den Kasualagenden stehen noch weitere Agenden für spezielle Dienste oder Zeiten zur Verfügung, so z. B. die Agende der VELKD für den Dienst an Kranken von 1994 oder die Agende der VELKD für Passion und Ostern von 2011.

Die reformierte Kirche in Deutschland hat sich 1999 ein neues Buch für den Gottesdienst gegeben, die *Reformierte Liturgie. Gebete und Ordnungen für die unter dem Wort versammelte Gemeinde.* Darin enthalten sind Ordnungen für den Gottesdienst, für Taufe und Abendmahl, für die Kasualien Konfirmation, Trauung, Trauerbegleitung (die Taufe wird nicht zu den Kasualien gerechnet), für Ordination und Einführung.

2.8.3 Perikopenentwicklungen

Nach dem Erscheinen des Evangelischen Gottesdienstbuches wurde auch die bestehende Perikopenordnung erneuert. Die neue Ordnung trat zum 1. Advent 2018 in Kraft. Eine Perikopenordnung regelt die biblischen Lesungen und Predigttexte für jeden Sonn- und Feiertag im Kirchenjahr. Eine Perikope (περικοπή – *perikopé*) ist ein aus einem gesamten Text herausgeschnittener Abschnitt, der bezogen ist auf das Proprium des jeweiligen Sonn- oder Feiertags. Es kann aber auch eine vollständige biblische Schrift über mehrere Sonntage verteilt vorgelesen werden, man spricht dann von einer lectio continua.

Für die urchristlichen Gottesdienste sind Lesungen aus dem Alten Testament anzunehmen, denn in der Synagoge wurde zur Zeit Jesu aus der Tora und den Propheten vorgelesen (Lk 4,17; Apg 13,15). Für die urchristlichen Versammlungen kamen Briefe, z. B. die des Paulus, und später die Lesungen aus den Evangelien und der Apostelgeschichte hinzu. Dabei muss man sich darüber im Klaren sein, dass der Kanon sowohl des Alten wie auch des Neuen Testaments in jener Zeit noch nicht feststand. Justin der Märtyrer schreibt in seiner ersten Apologie (Kap. 67), dass aus den Denkwürdigkeiten der Apostel oder aus den Propheten gelesen werde, bis es genug sei; dann beginne der Vorsteher mit einer Predigt. Der Canon 37 der Kirchenordnung *Canones Hippolyti* (um 340) schreibt vor, dass die Lektoren so lange abwechselnd vorlesen sollen, bis die Gemeinde versammelt ist. In den um 380 datierten Apostolischen Konstitutionen (VIII,5) wird festgehalten, dass Lesungen aus der Tora, den Propheten, den Episteln und den Evangelien vorgetragen werden. Da es sich hierbei um eine Kirchenordnung handelt, steht dahin, ob sie tatsächlich so auch befolgt wurde oder ob damit eine Tradition (vielleicht die antiochenische) aufgenommen wurde. Es entstehen Lektionare, also Bücher, die die Textabschnitte geordnet nach den Sonntagen enthalten und für den gottesdienstlichen Lesegebrauch bestimmt sind.

Aus dem Armenischen Lektionar lässt sich die Leseordnung von Jerusalem aus dem 4/5. Jh. erkennen. Für die westliche, römisch-lateinische Tradition werden die Würzburger Epistelliste aus dem 8. Jh. und das im selben Codex enthaltene Verzeichnis der Evangelienperikopen wirksam durch die Liturgiereform, die Karl der Große durch seinen Hoftheologen Alkuin durchführen ließ. Aus den Verzeichnissen kann die Leseordnung für die Messe in Rom erschlossen werden: Sie bestand offenbar aus Epistel- und Evangelienlesung. Alttestamentliche Lesungen finden sich nur selten in der

Epistelreihe. Dagegen kannten z. B. das altgallikanische Lektionar Weißenburgensis (um 500), das Lectionnaire de Luxeuil (um 700) oder der ambrosianische Ritus eine eigenständige alttestamentliche Lesereihe. Die römisch-fränkische Perikopenordnung setzte sich aber durch. Sie hatte bis zum Konzil von Trient und mit leichten Veränderungen bis zum Zweiten Vatikanischen Konzil Bestand.

Luther nahm die herkömmliche Perikopenordnung auf, kritisierte sie aber erheblich. Er empfahl die lectio continua für die Wochengottesdienste, es sollten auch alttestamentliche Texte gelesen werden. Calvin und Zwingli verwarfen mitsamt der Ablehnung der Messe auch die Perikopenordnung und führten stattdessen die lectio continua ein, so dass nun Sonntag auf Sonntag aus einer biblischen Schrift weitergelesen und darüber auch gepredigt wurde. Zur Zeit der Aufklärung wurde die Perikopenordnung, die ja wesentlich aus Evangelien- und Episteltexten bestand, relativiert.

Die Eisenacher Kirchenkonferenz von 1896, in der sich die Kirchenleitungen der evangelischen Landeskirchen trafen, um Vorhaben zu koordinieren, sah wieder vermehrt alttestamentliche Lesungen vor. Diese Ordnung wurde von allen evangelischen Landeskirchen aufgenommen. Aus dem Berneuchener Kreis kam im Zusammenhang der Neuordnung des Kirchenjahres der Impuls für eine Perikopenordnung, die die Grundlage für die derzeitige Ordnung der evangelischen Landeskirchen in Deutschland ist. Die OPT (Ordnung der Predigttexte) von 1958 sah eine Evangelien- und eine Epistelreihe vor (hier wurden die Würzburger Reihen aufgenommen), es folgten vier weitere Reihen mit Texten aus der gesamten biblischen Tradition, also auch mit alttestamentlichen Texten. Es stehen also für jeden Sonntag sechs Texte bereit, die im Zyklus von sechs Jahren als Predigttexte an der Reihe sind.Diese Ordnung wurde 1978 als Ordnung der biblischen Lesungen und Predigttexte (OLP) eingeführt.

In der Revision von 2018 wurde die sechsreihige Ordnung fortgeschrieben, aber es wurden nun wesentlich mehr alttestamentliche Texte aufgenommen. »Außerdem sollten mehr Texte aufgenommen werden, die die spezifischen Lebenswirklichkeiten von Frauen und Männern in den Blick rücken, ferner Texte, die bedeutende kulturgeschichtliche Resonanzen erfahren haben, und schließlich auch Texte, die für aktuelle Welt- und Lebensfragen besonders relevant sind.« (Lektionar 2018, XVIII). Für die Lesungen im Gottesdienst soll gelten, dass sie lektionabel und prädikabel sind. Sie passen zum Proprium des Sonntags und stehen untereinander in einer Konsonanz, d. h., sie beziehen sich inhaltlich aufeinander.

Die römisch-katholische Kirche führte mit dem Zweiten Vatikanischen Konzil die aus der Alten Kirche stammende Tradition nicht fort, sondern konzipierte das Lesungswesen neu: Es gibt nun drei Lesereihen, wobei die erste Reihe aus Evangelientexten besteht, die zum jeweiligen Sonntag passen. Dazu gibt es inhaltlich passend eine alttestamentliche Reihe, beide Texte stehen in Konsonanz. Eine weitere Lesungsreihe besteht aus den Episteln, die aber als lectio continua fortlaufend zu Gehör kommen. Es besteht also keine Konsonanz, falls in der vorgegebenen Reihenfolge zunächst ein alttestamentlicher Text, dann als lectio continua ein Text aus den Episteln (in katholischer Terminologie »erste und zweite Lesung«) und anschließend das Evangelium gelesen werden sollte. In der Praxis wird zudem meist nur eine der beiden Lesungen vorgetragen.

Für das Verlesen der biblischen Texte im Gottesdienst gilt wohl für alle Konfessionen, dass diese Texte nicht nur als Predigttexte verwendbar sein sollen, sondern dass sie auch eine liturgische Bedeutung haben, weil ihre Verlesung dem Lobe Gottes dient.

2.8.4 Systematik und Entwicklung des Kirchenjahres

Auch das Kirchenjahr erfuhr eine gewisse Weiterentwicklung und Reform. Unter 2.2.9. bis 2.2.11 wurde bereits die Entstehung der christlichen Feste Ostern, Pfingsten und Weihnachten dargelegt. Hier geht es nun um eine Systematik im Ablauf des Kirchenjahres. Grundlegend ist zunächst einmal der Rhythmus der Sonntage, die das Kirchenjahr strukturieren, zudem orientieren sich die Festdaten am Mond- und Sonnenkalender oder auch an jahreszeitlichen Gegebenheiten, wie z. B. der Erntedanktag.

Karfreitag und Ostersonntag bildeten das älteste christliche Fest und zugleich den Ursprung des Kirchenjahres, an dem sich die weiteren Feste ausrichteten. Dem Karfreitag und Ostersonntag wurde zunächst eine mehrtägige Vorbereitungszeit auf das Fest vorgelagert, die seit dem 4. Jh. vierzig Tage dauerte (Quadragesima). Diese Entwicklung hängt eng mit dem altkirchlichen Taufkatechumenat zusammen: Taufen wurden in der Osternacht vollzogen. Die Vorbereitungszeit auf die Taufe(n) wurde nicht nur von den Taufanwärtern, sondern von der ganzen Gemeinde gemeinsam vollzogen. Zugleich war diese Vorbereitungszeit auch eine Bußzeit. Die Büßenden trugen in dieser Zeit ein Bußgewand, und ihr Haupt wurde am Aschermittwoch mit Asche bestreut. Mit dem Aschermittwoch begann die Bußzeit, die bis zum Gründonnerstag dauerte. Am Gründonnerstag wurden die Bußfertigen durch den Bischof per Handauflegung wieder in die Gemeinschaft aufgenommen. Damit hatten das Klagen und Weinen bzw. Greinen für die Büßenden ein Ende, so dass dieser Tag der Greindonnerstag bzw. Gründonnerstag genannt wurde. Im Laufe der Zeit, auch wegen der Veränderungen des Katechumenats, wurde aus der Taufvorbereitungs- und Bußzeit eine Fastenzeit.

Ab dem 4. Jh. wurde die Karwoche ausgestaltet als eine Woche, in der die Stationen von Leiden, Sterben und Auferstehung Jesu nachvollzogen werden können. Am Sonntag vor dem Ostersonntag wurde der Einzug Jesu in Jerusalem gefeiert (Palmsonntag). Insbesondere das Triduum sacrum (die heiligen drei Tage) erhielt ein besonderes Gewicht. Da der Vorabend zum Tag dazugerechnet wird, begann der erste Tag des Triduum sacrum am Donnerstagabend mit der Einsetzung des Heiligen Abendmahls; dem folgt der Karfreitag, der z. B. in Jerusalem oder auch in Rom mit der Verehrung von Kreuzreliquien begangen wurde, begleitet von Lesungen, Gebeten und Gesängen. Der Karsamstag ist der Tag der Grabesruhe und der Stille. Die Osternachtfeier von Karsamstag auf Ostersonntag ist die Mitte aller Gottesdienste und somit der Höhepunkt aller Liturgien. In der Osternacht findet ein Wortgottesdienst mit Lesungen statt, danach eine Lichtfeier, in der die Kerzen entzündet werden, die Taufen werden vollzogen, und bei aufgehender Sonne wird die Eucharistie gefeiert. An den Ostersonntag schließt sich die 50-tägige österliche Freudenzeit an (Pentecoste), die sich bis Pfingsten erstreckt. In diesen Wochen wird der Erscheinungen Christi gedacht sowie seiner Himmelfahrt vierzig Tage nach dem Ostersonntag und abschließend an Pfingsten der Ausgießung des Heiligen Geistes.

Diesem Zyklus ist der Weihnachtsfestkreis vorgelagert, der sich etwa ab dem 4. Jh. gebildet hat. Anfänglich wurde wohl am 6. Januar Epiphanias gefeiert als die Erscheinung des Gottessohnes – sei es mit der Krippengeschichte, sei es mit der Taufe Jesu im Jordan oder mit der Geschichte von der Hochzeit zu Kana, wo der Gottessohn erstmals öffentlich wirkt. Nach und nach bildeten sich in der Folgezeit der 25. Dezember als Geburtstag Jesu, der 6. Januar als der Tag der Weisen aus dem Morgenland und der sich anschließende Sonntag als Beginn des öffentlichen Wirkens Jesu mit dem Bericht über die Hochzeit in Kana heraus. Auch dem Christfest wurde eine Bußzeit mit vier Sonntagen vorangestellt, und mit dem ersten Adventssonntag beginnt das Kirchenjahr.

Die beiden beschriebenen Zyklen bilden für die erste Hälfte des Kirchenjahres das Herrenjahr, an das weitere, kleinere Festtage angegliedert wurden: Da der Geburtstermin Jesu auf dem 25.12. liegt, wird Mariä Verkündigung bzw. die Ankündigung der Geburt Jesu auf den 25.3. gelegt, neun Monate vor den Termin der Geburt Jesu. Und weil Marias Schwägerin Elisabeth zu diesem Zeitpunkt im sechsten Monat schwanger ist, fällt die Geburt ihres Kindes (Johannes der Täufer) auf den 24.6., den Johannistag. Als Tag des Vorboten Jesu markiert dieser Tag die Mitte des Kirchenjahres und deutet auf den Heiligen Abend hin, ist sozusagen ein kleines Weihnachtszeichen. Die Begegnung der schwangeren Frauen Elisabeth und Maria wird am 2.7. als Tag der Heimsuchung Mariens gefeiert. Dies ist zugleich der Oktavtag zu Johannis: Großen oder wichtigen Festtagen wurde eine Oktav angehängt, d. h. acht Tage lang wirkte sich die Ausstrahlung dieses Festes aus. Da der erste Tag mitgezählt wurde, fällt das Oktavende auf denselben Wochentag wie das Fest und er konnte noch einmal besonders begangen werden.

Acht Tage nach der Geburt Jesu wird am 1. Januar seiner Beschneidung gedacht. Da der erstgeborene Sohn nach jüdischer Sitte vierzig Tage nach der Geburt im Tempel dargestellt werden musste, wird dieser Tag auf den 2. Februar gelegt und Darstellung Jesu im Tempel oder Mariä Lichtmess genannt. An diesem Tag ist die weihnachtliche Zeit endgültig zu Ende.

Innerhalb des Kirchenjahres entwickelte sich über Jahrhunderte hinweg ein eigener Festkreis der Apostel und Evangelisten, der Märtyrer und Heiligen. Auch ein eigener Festkreis Mariens bildete sich aus. Aus diesen Festkreisen sind bis heute z. B. bekannt St. Martin am 11.11. oder St. Nikolaus am 6.12. Auch Michaelis, der Festtag des Erzengels Michael und aller Engel am 29.9., ist bis heute im evangelischen Kalender verzeichnet. Doch der mittelalterliche, von Festen überbordende Kalender wurde von den Reformatoren beschnitten: einerseits aus ökonomischen Gründen, denn die ärmeren Schichten der Bevölkerung konnten an den vielen arbeitsfreien Tagen keine Arbeit verrichten, die ihrem Lebensunterhalt diente. Aus theologischen Gründen wurden verdienstliche Messen sowie das Gebet zu den Heiligen abgeschafft und damit auch die entsprechenden Feiertage. Geblieben sind die Christusfeste, die Tage der Apostel und Evangelisten, Johannis, Michaelis und regional auch Allerheiligen am 1. November. Der Erntedanktag wurde den örtlichen Gegebenheiten entsprechend begangen, sobald die Ernte eingebracht war, so dass nun ein Erntedanktag angesetzt werden konnte. Der preußische König Friedrich der Große legte per Erlass von 1773 den Termin des Erntedanktages auf den ersten Sonntag nach Michaelis fest.

Der Reformationstag setzte sich nach und nach als Feiertag durch. Das einhundertjährige Jubiläum am 31.10.1617 wurde in den lutherischen wie auch in den reformierten Gebieten gefeiert; Kurfürst Johann Georg II. von Sachsen legte 1667 den 31.10. als Gedächtnistag fest. Die weiteren Reformationsjubiläen 1717 und 1817 beförderten es, dass sich der jährliche Festtag weiter durchsetzte, er wurde an dem auf den 31.10. folgenden Sonntag gefeiert, wenn der 31.10. nicht selbst auf einen Sonntag fiel. Heutzutage ist in vielen Bundesländern Deutschlands der Reformationstag ein gesetzlicher Feiertag; zum 500-jährigen Jubiläum 2017 wurde der Reformationstag erstmals als gesamtdeutscher Feiertag und somit als Reformationsfest begangen.

Mit der Einführung einer erneuerten Perikopenordnung zum 1. Advent 2018 wurden auch kleinere Verbesserungen an der Systematik des Kirchenjahres vorgenommen. So gibt es nun z. B. einen verbesserten Übergang vom Weihnachtsfestkreis zum Osterfestkreis. Auch wurden einige weitere Gedenktage aufgenommen, wie z. B. der 27.1. als Tag des Gedenkens an die Opfer des Nationalsozialismus und der 9.11. als Tag des Gedenkens an die Novemberpogrome. Am 22.7. ist der Tag der Maria Magdalena hinzugekommen und auch die Gedenktage des Martin und des Nikolaus wurden nun offiziell aufgenommen.

2.8.5 Liedgut und Gesangbuch

In diesen umfassenden Erneuerungsprozess gehört auch das Gesangbuch hinein. Es wurde 1993 als Evangelisches Gesangbuch (EG) eingeführt und folgte auf das Evangelische Kirchengesangbuch (EKG) von 1950. Das EKG war das erste gemeinsame Gesangbuch aller evangelischen Landeskirchen in Deutschland einschließlich der beiden evangelischen (lutherischen und reformierten) Kirchen in Österreich. Seit 1993 ist das EG das aktuelle Gesangbuch nicht nur der deutschsprachigen evangelischen Kirchen in Deutschland und Österreich, sondern auch für Elsass-Lothringen und Luxemburg. Wie schon das EKG bietet das EG einen Stammteil mit gemeinsamen Liedern, dem die meisten Landeskirchen einen Regionalteil beigefügt haben. Das EG hat im Stammteil 535 Nummern mit 567 Liedern und Gesängen, die vorrangig für den gottesdienstlichen Gebrauch bestimmt sind. Eine große Anzahl dieser Lieder sind als ökumenische Lieder gekennzeichnet und finden sich vielfach auch im katholischen Gesangbuch *Gotteslob*. Dazu kommen etliche Lieder in anderen Sprachen (englisch, französisch, schwedisch etc.), die z. B. auch bei internationalen Gottesdiensten verwendet werden können. Das EG ist aber nicht nur für den gottesdienstlichen

Gebrauch bestimmt, wie an den Regionalteilen erkennbar wird: Hier sind abgedruckt Psalmengebete, Gebete für unterschiedliche Anlässe (z. B. Gebete zu Tisch, mit Kindern, an den Wochentagen, für Frieden, für die Bewahrung der Schöpfung, bei Krankheit, im Alter, beim Sterben etc.), ebenso Andachtsformen, ein Formular für eine Taufe in Notfällen, Beichtformen, Passionsandachten, Gebete aus Taizé, Tagzeitengebete, ebenso auch Bekenntnistexte wie z. B. die altkirchlichen oder auch neueren Glaubensbekenntnisse, Luthers Kleiner Katechismus, die Confessio Augustana, der Heidelberger Katechismus und die Barmer Theologische Erklärung. Hinzu kommt eine Liederkunde einschließlich eines Überblicks über Dichter und Komponisten.

So selbstverständlich wie heute ein Gesangbuch für die Hand eines jeden Gottesdiensteilnehmenden ist, ist es das im Blick auf den seit dem Beginn des christlichen Gottesdienstes geübten Gesang keineswegs. Erst im 18. Jh. werden Gesangbücher für alle Gemeindeglieder üblicher und selbstverständlicher. Bis dahin hatte man die Lieder auswendig gesungen, was aber dank der Entstehung vieler neuer Liedtexte und neuer Melodien nicht mehr durchzuhalten war. Soweit der Gesang für die ersten Jahrhunderte des christlichen Gottesdienstes bezeugt ist, sang die Gemeinde die Lieder auswendig oder ein Vorsänger oder ein Chor sang die Strophen, und die Gemeinde fiel mit einem Antwortgesang oder einem Refrain in das Lied ein. Schon in Eph 5,19 und Kol 3,16 werden Psalmen, Hymnen und geistliche Lieder genannt. Das Magnificat (Lobgesang der Maria, Lk 1,46–55), das Benedictus (Lobgesang des Zacharias, Lk 1,68–79) und das Nunc dimittis (Lobgesang des Simeon, Lk 2,29–32) sind neutestamentliche Psalmen. Paulus hat wohl in Eph 5,14 ein geistliches Lied überliefert: »Wache auf, der du schläfst, und stehe auf von den Toten, so wird dich Christus erleuchten.«

Ambrosius von Mailand (339–397) wird als Vater des abendländischen Kirchenlieds bezeichnet. Er schuf gut auswendig zu singende lateinische Hymnen. In den frei gedichteten vierzeiligen Strophen hat jede Zeile acht Silben im jambischen Versmaß (zunächst eine kurze, leichte Silbe, auf die eine lange, schwere Silbe folgt), die Melodie ist syllabisch gebildet (auf je eine Silbe kommt ein Ton), so dass Text und Melodie rhythmisch eingängig sind. Diese Art der Hymnendichtung hat eine große Wirkungsgeschichte entfaltet, die bis heute anhält. So findet sich im EG z. B. das bekannte Adventslied (Nr. 4) *Nun komm, der Heiden Heiland*, das Martin Luther 1524 nach der lateinischen Vorlage *Veni redemptor gentium* verfasste; 1934 hat Otto Riethmüller das Abendlied *Du Schöpfer aller Wesen* (Nr. 485) nach dem lateinischen Hymnus *Deus, creator omnium* geschaffen. Beide ambrosianischen Hymnen werden um das Jahr 386 datiert.

Der Psalmengesang im christlichen Gottesdienst nimmt die jüdische Psalmentradition auf. Ihre Form ist der Parallelismus membrorum: Ein Gedanke wird in zwei Schritten formuliert, wobei der zweite Schritt den ersten bestärkt (Ps 119,105: Dein Wort ist meines Fußes Leuchte und ein Licht auf meinem Wege) oder antithetisch fortführen kann (Ps 1,6: Denn der Herr kennt den Weg der Gerechten, aber der Gottlosen Weg vergeht). Diese Form aufnehmend, hat sich der antiphonale (wechselseitige) Gesang entwickelt, der in der gregorianischen Singweise seinen Höhepunkt erreicht hat. Bis heute werden in den Klöstern während des Tagzeitengebetes die Psalmen in dieser Weise gesungen: Ein Klosterkonvent steht sich im Chor der Kirche in zwei Gruppen gegenüber und singt die Psalmen in der Weise aufgeteilt, dass die eine Chorhälfte A den ersten Schritt, die andere Chorhälfte B den zweiten Schritt singt. Diese Chorhälfte B schließt daraufhin unmittelbar den neuen ersten Schritt des nachfolgenden Verses an, den wiederum die gegenüberstehende Chorhälfte A aufnimmt. Es ergibt sich sozusagen ein Dialog, ein betendes Betrachten in gegenseitiger Mitteilung für einen ganzen Psalm.

Benedikt von Nursia (480–547), der Gründer des Benediktinerordens, legte in seiner Klosterregel unter anderem eine Ordnung für die Tagzeitengebete vor (Benedicti Regula, cap. 8–18). Auch Hymnen von Ambrosius nahm er in die Tagzeitengebete seiner Ordnung auf. Die musikalische Fassung soll auf Papst Gregor den Großen (540–604) zurückgehen – daher gregorianischer Gesang –, was aber historisch eher unwahrscheinlich ist. Man wollte wohl diese Art des Singens mit seinem Namen legitimieren und bestärken. Die gregorianischen Melodien in den acht Kirchentonarten sind vermutlich im 7. und 8. Jh. entstanden oder haben sich in dieser Zeit verfestigt, wie das älteste erhaltene Dokument, das kurz vor 800 verfasste Tonar von Centula/Saint-Requier, oder das Tonar von Metz belegen. Die lateinische Kirche mit ihren Orden, neben dem Benediktinerorden z. B. auch die Zisterzienser, Franziskaner, Dominikaner, Augustiner etc., hielt sich im Grunde an die Regula Benedicti und damit auch an die Tagzeitengebete.

Während des Mittelalters – bedingt durch das Beibehalten des Lateinischen als liturgischer Sprache – wurde das Singen während des Gottesdienstes vorrangig von den Liturgen und den Chören übernommen, zumal das gregorianische Singen zuweilen sehr kunstvolle Formen annahm und im Grunde nur ein Klosterkonvent durch seine tägliche Übung oder ein Chor diese Formen auch beherrschen konnte. Es entstanden viele volkstümliche geistliche Lieder, die aber außerhalb des Gottesdienstes gesungen wurden. So konnten 1.500 geistliche, in deutscher Sprache verfasste Lieder nachgewiesen werden; deutsche Mystiker haben die Form der geistlichen Lieder zu einem Höhepunkt gebracht (Albrecht 1995, 16). Auf den Dominikanermönch Johannes Tauler (1300–1361), einen Schüler des Mystikers Meister Eckhart, geht z. B. das Lied *Es kommt ein Schiff, geladen* (EG Nr. 8) zurück. Von dem bedeutenden geistlichen Lyriker Heinrich von Laufenburg (1390–1460) stammt das Lied *Ich wollt, dass ich daheime wär* (EG Nr. 517).

Durch die Reformation und insbesondere durch Martin Luthers eigene Lieder wurde der Gemeindegesang zu einem wesentlichen und wichtigen Element der Gottesdienstfeier. Eines seiner frühen Lieder aus dem Jahr 1523 findet sich noch heute im EG (Nr. 341): *Nun freut euch, liebe Christen g'mein.* Es ist geradezu ein persönliches Bekenntnis Luthers. Ebenso hat er Psalmen nachgedichtet (z. B. EG Nr. 299), den lateinischen Hymnus *O lux beata trinitas* von Papst Gregor dem Großen ins Deutsche übertragen (EG Nr. 470), katechetische Lieder (EG Nr. 231: *Dies sind die heilgen zehn Gebot*, Nr. 183: *Wir glauben all an einen Gott*), das Tauflied EG Nr. 202: *Christ, unser Herr, zum Jordan kam*, zum Abendmahl EG Nr. 215: *Jesus Christus, unser Heiland.* Insgesamt sind in das EG 34 Lutherlieder und -gesänge aufgenommen worden. Viele Lieder Luthers wurden zuerst als Einblattdrucke verbreitet, das erste lutherische »Gesangbuch« von 1524 enthielt acht Lieder, weshalb es das Acht-Lieder-Buch genannt wird (Faksimile in JLH 2011, 50. Bd.): vier Texte stammen von Luther, drei von Paul Speratus, ein Text ist anonym. Den Texten wurden fünf Melodien beigegeben.

Neben Luther gab es weitere bedeutende Kirchenliederdichter. Zuerst ist Johann Walther (1496–1570) zu nennen, den man auch als den Urkantor der evangelischen Kirche (Albrecht 1995, 25) bezeichnet. Er hat Luther in musikalischen Dingen beraten, so z. B. auch bei der musikalischen Gestaltung der Deutschen Messe von 1526. Im EG finden sich von Johann Walther drei Lieder. Daneben gilt auch Nikolaus Herman (1500–1561) als bedeutender Liederdichter. Von ihm finden sich elf Lieder im EG. Für den reformierten Zweig der Reformation sind die Psalmlieder von großer Bedeutung. Während Zwingli jegliche Musik und damit auch das Singen aus dem Gottesdienst verbannte, förderte Calvin das Singen der Psalmen als biblische Lieder in Strophenform. Clément Marot (1496–1544) begann die Psalmen zu übertragen und Theodor Beza (1519–1605) führte diese Übertragung fort. »1562 lag der Genfer Psalter vollständig vor. Dieser Psalter erlebte in drei Jahren nachweislich mindestens 63 Auflagen – in der Gesangbuchgeschichte etwas Einmaliges!« (Albrecht 1995, 33f).

Das älteste Gemeindegesangbuch wurde 1501 von den Böhmischen Brüdern publiziert und enthielt um die 90 Lieder in tschechischer Sprache. 1531 erschien eine deutsche Ausgabe, die von Michael Weiße herausgegeben wurde. Von ihm sind 137 Lieder bekannt, neun davon, die sich in der Ausgabe von 1531 fanden (z. B. das bekannte Osterlied EG Nr. 103: *Gelobt sei Gott im höchsten Thron*), stehen im EG. In den folgenden Jahren erschien eine ganze Reihe von Gesangbüchern mit zahlreichen Liedern. Hervorgehoben sei das Klugsche Gesangbuch von 1529, das vom Buchdrucker Joseph Klug herausgebracht wurde. Es gab für jedes Lied auch den Namen des Textdichters an, was bislang eher unüblich war. Luther verfasste zu diesem, wie auch zu manch anderem Gesangbuch, eine Vorrede, wahrscheinlich stellte er auch die Lieder zusammen (Klek 1996, 242). Das Klugsche Gesangbuch erlebte zu Luthers Lebzeiten noch drei weitere Auflagen. 1545 legte Valentin Babst, ein Buchdrucker wie Klug, ein Gesangbuch vor, das 129 Lieder enthält. Im Babstschen Gesangbuch sind an erster Stelle die Lutherlieder abgedruckt, ihnen folgen viele Lieder anderer Autoren. Dieses Gesangbuch ist prächtig gestaltet mit Zierleisten auf jeder Seite, die nirgends identisch sind, und einem ausgezeichneten Schriftbild, dazu zahlreiche Bilder, die mit Holzschnitten gedruckt wurden. Diese und viele weitere Gesangbücher waren zwar für den Gemeindegesang bestimmt, aber in der Regel nicht für die Hand der Gemeinde gedacht. Bis zu zwei Drittel der Gemeindemitglieder waren Analphabeten, zudem war der Erwerb eines gedruckten Buches durchaus kostspielig. Die Gesangbücher dienten vielmehr dem Vorsänger, der mit einem Gesangbuch in der Hand das Singen auch neuer Lieder mit der Gemeinde einüben konnte. 1537 erschien das erste katholische Gesangbuch mit 56 deutschsprachigen Liedern von dem Dominikanermönch Michael Vehe. Er war Dompropst in Halle und hielt ein eigenes Gesangbuch für die katholischen Christen für erforderlich. Darin fanden sich auch lutherische Lieder, die allerdings inhaltlich abgewandelt worden waren. Bemerkenswert ist, dass deutsche Texte publiziert wurden, obwohl in der katholischen Messe die lateinische Sprache als Gottesdienstsprache üblich blieb.

Der Gesangbuchdruck entwickelte sich, und damit kamen auch manche Drucke in Umlauf, die die Lieder textlich wie melodisch veränderten oder gar verfälschten, wogegen sich schon Luther gewandt hatte. In den nachfolgenden Jahrzehnten ging das Druckrecht auf den Landesherrn über, der die Gesangbuchdrucke für den offiziellen Kirchengebrauch genehmigte. In dieser Zeit blühte auch die Liederdichtung auf, und um sie publizieren zu können, wurden Sammlungen gedruckt. Auch die Lieder von Paul Gerhardt (1607–1676) erschienen zunächst in solchen Sammlungen, bis sie später

Eingang in offizielle Gesangbücher fanden. Paul Gerhardt gehört in der Zeit der lutherischen Orthodoxie zu den großen und hervorragenden Dichtern evangelischer Lieder, die bis heute ihre Strahlkraft nicht verloren haben, so z. B. das Passionslied EG Nr. 85: *O Haupt voll Blut und Wunden*, das von J. S. Bach vertonte Weihnachtslied EG Nr. 37: *Ich steh an deiner Krippen hier* und das Lied des Gottvertrauens und Trostes EG Nr. 361: *Befiehl du deine Wege*. Dessen zwölf Verse sind ein Akrostichon (aus dem jeweils ersten Wort jeden Verses ergibt sich nacheinander gelesen ein Sinn) des Ps 37,5: Befiehl dem Herrn dein Weg und hoff auf ihn, er wird's wohl machen. Ebenso hat er auch das Lied zur Sommerzeit (EG Nr. 503) gedichtet: *Geh aus, mein Herz, und suche Freud in dieser lieben Sommerzeit.* »Offenbar verstand der Dichter seine Werke als Zeugnisse persönlicher Erbauung, wobei nicht einmal bekannt ist, ob er überhaupt etwas für die Verbreitung seiner Lieder getan hat.« (Klek 1996, 244). Die beiden Kantoren Johann Crüger und Johann Georg Ebeling haben viele seiner Text vertont. Darum ist die Sammlung von 500 Liedern von Johann Crüger (1598–1662), *Praxis pietatis melica*, die wahrscheinlich erstmals 1644 erschien und 45 Auflagen erlebte, bedeutend, weil darin viele Lieder von Paul Gerhardt erstmals gedruckt und veröffentlicht wurden. Das Kirchenliederbuch war sowohl für den Gottesdienst als auch für die private geistliche Übung bestimmt.

Die Zahl der Lieder schwoll mit der Zeit beträchtlich an, wie z. B. an jenem Leipziger Gesangbuch zu erkennen ist, das Johann Sebastian Bach vorrangig benutzt hat. Es wurde 1697 von Paul Wagner in acht Bänden publiziert und enthält etwa 5.000 Lieder. In dieser Zeit entwickelte sich auch jene Gesangbuchaufteilung, die in Abwandlung bis heute üblich geblieben ist. Die Lieder werden geordnet nach ihrem Gebrauch für den Gottesdienst, nach dem Kirchenjahr, für bestimmte Anlässe – also in einer liturgischen Ordnung. Die Anzahl der für den Gottesdienst vorgesehenen Lieder stieg so sehr an, dass die Möglichkeit des Auswendigsingens überstiegen wurde. Bis heute finden sich in Archiven von Hand abgeschriebene Gesangbücher, die Lesekundige offenbar für ihren eigenen Gottesdienstgebrauch hergestellt haben. Während sich die Liedinhalte insbesondere in der Zeit der Orthodoxie an Luthers Liedern und Theologie orientierten, so änderte sich dies mit dem Pietismus. Die Subjektivität des Glaubenden kam nun auch in der Liederdichtung zum Zuge. 1704 erschien in Halle das pietistische Gesangbuch von Johann Athanasius Freylinghausen. Es war nicht nur für den Gottesdienst, sondern auch für die eigene Andacht und Erbauung bestimmt. Die Herrnhuter Brüdergemeine gab 1735 ein eigenes Gesangbuch heraus, das etwa 1.000 Lieder, darunter auch Lieder von Nikolaus

Ludwig Graf von Zinzendorf (1700–1760), enthält. Das bedeutendste pietistische Gesangbuch dieser Zeit stammt von Johann Porst (1668–1728). Er war in Berlin Konsistorialrat und Erbauungsschriftsteller. Die erste Auflage seines Gesangbuchs von 1708 gab er noch anonym heraus, die zweite Auflage von 1713 aber unter seinem Namen. Porst fügte Erweiterungen hinzu; sein Gesangbuch wurde für Berlin privilegiert. Die letzte Auflage stammt aus dem Jahr 1905 und überlebte das Aufklärungsgesangbuch des Verlegers Mylius aus dem Jahr 1780 oder das Berliner Reformgesangbuch aus dem Jahr 1829, an dem maßgeblich Friedrich Daniel Schleiermacher mitwirkte. Die Gesangbücher der Aufklärung gaben die liturgische Ordnung des Gesangbuchs auf; die Lieder wurden nun nach dogmatischen Gesichtspunkten geordnet. Z. B. war der erste Ordnungspunkt die Gotteslehre, ihm folgten die Pflichten gegenüber Gott, dann die Pflichten gegenüber den Nächsten. Auch in die Liedtexte wurde erheblich eingegriffen, so dass der Inhalt nun der vernünftigen und rationalen Aufklärungstheologie entsprach. Die Einführung dieser Gesangbücher ging mit erheblichen Protesten einher.

Im 19. Jh. wandte man sich im Zuge der Romantik von diesen Gesangbüchern ab und schuf Gesangbücher, die sich wieder stärker an den Originaltexten orientierten. Dafür steht das fünfbändige Sammelwerk *Das deutsche Kirchenlied von der ältesten Zeit bis zu Anfang des 17. Jahrhunderts* von Philipp Wackernagel (1800–1877), das vorrangig Lieder der Reformationszeit dokumentiert, oder der *Evangelische Liederschatz* von Albert Knapp (1798–1864) mit fast 4.000 Liedern. Die Gesangbücher aus dieser Zeit gaben die dogmatische Gliederung des Gesangbuchs auf und nahmen die liturgische Ordnung wieder an. Die Liederanzahl wurde auf etwa 500 begrenzt. Ernst Moritz Arndts (1769–1860) Schrift von 1819 *Von dem Wort und dem Kirchenliede* (Möller 2000, 216–218) hatte erhebliche Wirkung. Er forderte ein deutsches Einheitsgesangbuch über die Konfessionsgrenzen hinweg und rief dazu auf, die Lieder der reformatorischen Väter doch unangetastet zu belassen und originalgetreu wieder abzudrucken. 1852 trafen sich in Eisenach Vertreter aller evangelischen Landeskirchen zur ersten Deutschen Evangelischen Kirchenkonferenz, um auch über ein einheitliches Gesangbuch zu beraten (Möller 2000, 246–249). Eine Kommission erarbeitete eine Vorlage, die 150 Lieder vorsah. Der Entwurf wurde einstimmig angenommen, aber nur Bayern hat ihn tatsächlich als Vorlage für ein neues eigenes Gesangbuch verwendet. In den folgenden Jahrzehnten erschienen dann auch in anderen Landeskirchen neue Gesangbücher, die sich dieser Tradition anschlossen.

Das Miteinander eines einheitlichen Gesangbuches und der verschiedenen Gesangbücher der Landeskirchen prägte das erste Drittel des 19. Jh.s.

Ein gemeinsamer Stammteil von 342 Liedern wurde mit jenen Liedern kombiniert, die in der eigenen Landeskirche üblich waren. Damit führten etwa die Hälfte der Landeskirchen das Gesangbuchformat ein, das sich im Prinzip bis heute gehalten hat. Nach dem Zweiten Weltkrieg wurde mit dem Evangelischen Kirchengesangbuch von 1950 ein einheitliches Gesangbuch mit 394 Liedern im Stammteil geschaffen, an den die einzelnen Landeskirchen ihre Anhänge anschlossen, um aus beidem ein eigenes Gesangbuch zu formieren.

Dieses Prinzip wurde auch beim Evangelischen Gesangbuch von 1993 beibehalten; der Stammteil umfasst nun 535 Nummern. Es wurden darin wieder Lieder aus der Aufklärungszeit und der Romantik aufgenommen, dazu auch Liedtexte zeitgenössischer Dichter oder Theologen, wie z. B. Dietrich Bonhoeffer mit dem Lied unter Nr. 65: *Von guten Mächten treu und still umgeben.* Neuere Lieder zeichnen sich dadurch aus, dass sie nicht nur neue Texte erhielten, sondern auch Anleihen beim Jazz oder dem Schlager nahmen. Berühmt ist das 1961 entstandene Lied *Danke für diesen guten Morgen* von Martin Gotthard Schneider (1930–2017), das ins EG erst nach einigen Auseinandersetzungen aufgenommen worden ist (Nr. 334). Zu der Rubrik *Neues Geistliches Lied* gehört auch z. B. eine durch Cat Stevens 1971 berühmt gewordenen Melodie mit dem Text *Morning has broken* (EG Nr. 455), wobei die Melodie auf ein Volkslied zurückgeht. Es wurden auch Lieder ohne Reime aufgenommen, die sich zum Teil fest in den Gemeinden etablieren konnten, so z. B. das Abendlied von Christa Weiß (1925) und Kurt Rommel (1926–2011), EG Nr. 491: *Bevor die Sonne sinkt, will ich den Tag bedenken.* Neue Lieder heben die ökumenische Verbundenheit der Christen hervor und enthalten sich konfessioneller Polemiken. Auch werden Themen bedacht, die die derzeitige Lebenssituation aufnehmen, wie z. B. die Verantwortung für die Schöpfung ebenso wie für die Gesellschaft oder den Frieden weltweit.

2.8.6 Neuere Gottesdienstformate

Alle diese Reformen versuchen die neueren Entwicklungen in das gottesdienstliche Leben zu integrieren. Andere Gottesdienstformen entwickelten sich auch deshalb, weil deutlich wurde, dass die herkömmlichen Gottesdienstformen nicht mehr alle Menschen ansprechen (können). Deshalb machten sich engagierte Pfarrpersonen, Gemeindemitglieder und später auch Kirchenleitungen auf den Weg, andere Gottesdienstformen zu erproben mit dem Wunsch, auf diese Weise auch Kirchendistanzierte zu erreichen. Spektakulär waren in den 1970er Jahren das Politische Nachtgebet und das Feierabendmahl. Das Politische Nachtgebet ging aus dem Ökumenischen Arbeitskreis Köln hervor, in dem Dorothee Sölle, Fulbert Steffensky, Heinrich Böll u. a. tätig waren, die 1968 beim Essener Katholikentag vor dem Hintergrund des Vietnamkriegs einen politischen Gottesdienst feiern wollten. Gottesdienstkultur und Politik sollten keine getrennten Bereiche mehr sein. Dadurch, dass die Veranstalter des Katholikentages diesen Gottesdienst auf 23 Uhr positionierten, erhielt er seinen Namen Politisches Nachtgebet. Diese Form sollte weitergeführt werden; da aber die katholische Kirche dieses Gebet in ihren Kirchengebäuden untersagte, wurde es in Köln seit Oktober 1968 monatlich in der evangelischen Antoniterkirche gefeiert. Zum ersten Politischen Nachtgebet kamen gleich 1000 Menschen (Sölle 1969).

Das erste Feierabendmahl fand 1979 auf dem Deutschen Evangelischen Kirchentag in Nürnberg statt. Diese Gottesdienstform wurde von einem Projektausschuss entwickelt, das Feierabendmahl erhielt seinen Namen dadurch, dass während der Kirchentage am Freitagabend, wenn Feierabend ist, in den meisten Kirchen der Stadt das Abendmahl gefeiert wird. In der Region Nürnberg waren mehr als 90 Gemeinden beteiligt. Thematisch und durch die aktive Beteiligung der Mitfeiernden erhielt diese Form der Abendmahlsfeier eine andere Ausrichtung als die herkömmlichen Abendmahlsfeiern am Sonntagmorgen, die den Schwerpunkt theologisch auf die Sündenvergebung legten. Das Feierabendmahl verband Weltverantwortung und Lob Gottes. Die Mitfeiernden konnten sich z. B. an den Fürbitten beteiligen. Starre Formen wurden vermieden, die Feier bekam den Charakter eines Festes (Kugler 1981). Diese Tradition wird auf Kirchentagen bis heute weitergeführt und hat Auswirkungen auf die Gestaltung von Abendmahlsfeiern in vielen Kirchengemeinden. So hat das Feierabendmahl als Formular Eingang gefunden in das Evangelische Gottesdienstbuch 1999, die offizielle Agende der VELKD und der UEK.

Wenn man so will, wurde auch in den Friedensgebeten in der untergehenden DDR gottesdienstliches Leben und politisches Leben nicht mehr getrennt. Bis heute wird in der Nikolaikirche in Leipzig an jedem Montag um 17 Uhr ein Friedensgebet gehalten, es wurde 1982 vom Jugenddiakon Günter Johannsen initiiert und weitergeführt von den Pfarrern Wonneberger und Führer. Von diesen Friedensgebeten ausgehend haben sich 1989 Demonstrationen gebildet, die gegen das DDR-Regime protestierten. Am 9. Oktober 1989 nahmen im Anschluss an das Friedensgebet 70.000 bis

100.000 Menschen an einer friedlichen Demonstration teil, Sicherheitskräfte und Militär griffen nicht ein, obwohl sie bereitstanden; die Macht des SED-Staates war gebrochen. Die friedliche Revolution führte zum Mauerfall in Berlin am 9. November 1989, zum Untergang der DDR und zur Wiedervereinigung Deutschlands (Geyer 2007). Jedes Jahr wird am 9. Oktober an dieses besondere Friedensgebet erinnert.

In den 1990er Jahren traten wiederum andere Gottesdienstformate ins öffentliche Bewusstsein. Die ThomasMesse wurde erstmals 1988 in Helsinki gefeiert, sie war von den Pfarrern Olli Valtonen und Miika Ruokanen initiiert worden. An der Vorbereitung beteiligten sich weitere Personen, die missionarisch, charismatisch, volkskirchlich, von Taizé etc. geprägt waren. Alle diese Einflüsse kann man in der ThomasMesse wiederfinden. Pfarrer und viele Laien sind an der Leitung der Feier beteiligt. Eine Besonderheit ist die Offene Gebetszeit: »Nach dem Sündenbekenntnis kommt Bewegung in die Kirche. Die Menschen stehen auf, gehen zu den Seitenaltären, um dort Kerzen anzuzünden, in der Stille zu beten oder ihre Gedanken, Wünsche und Klagen auf Fürbitt-Zettel zu schreiben. Oder sie gehen nach vorn zum Hauptaltar, wo sie niederknien und einer der Mitwirkenden ihr Herz ausschütten. Die Menschen bewegen sich im Kirchenraum, kommen einander nahe, und am Ende legt der bzw. die weiß Gekleidete dem Gegenüber die Hand auf oder zeichnet seine Stirn mit Öl.« (Haberer 2000, 21). Nach einer Predigt wird das Abendmahl gefeiert. Diese Gottesdienstform wurde benannt nach Thomas, dem zweifelnden Jünger Jesu, weil die ThomasMesse ein »Gottesdienst für Zweifler und andere gute Christen« ist (Haberer 2000, 111). Auch die ThomasMesse wird seit 2002 im Ergänzungsband des Evangelischen Gottesdienstbuches aufgeführt.

Ein evangelistisch ausgerichtetes Gottesdienstkonzept mit Namen GoSpecial wird seit 1995 von der Andreasgemeinde in Niederhöchstadt bei Frankfurt am Main verfolgt; es wurde von den Pfarrern Klaus Douglass und Fabian Vogt angestoßen. Der Gottesdienst findet einmal im Monat im Kino statt und will Menschen ansprechen, die der Kirche und dem Glauben entfremdet sind. Die Besucher werden am Eingang des Kinos begrüßt, Getränke stehen bereit, Kommunikation ist möglich, Musik ist zu hören. Später im Kinosaal werden die Anwesenden durch ein Moderatorenteam begrüßt, ein Theaterstück wird aufgeführt, eine Predigt wird vom Bistrotisch aus vorgetragen. Anschließend können die Besucher Fürbitten und Fragen zur Predigt aufschreiben. Auf diese Phase folgt ein Kreuzverhör über die Predigt, in dem die Prediger Rede und Antwort stehen müssen. In der nächsten Phase treten Personen auf, die über persönliche Glaubenserfahrungen berichten. Fürbitten und Segen beschließen den Gottesdienst. Zwischen den einzelnen Elementen wird viel Musik gespielt. Diese Gottesdienstform wird in ca. 500 anderen deutschsprachigen Orten praktiziert (www.gospecial.de, abgerufen 4.10.2019, dort können auch Videoaufzeichnungen von GoSpecials angeklickt werden). Von GoSpecial wurde GoLife inspiriert, das in Dresden von der Evangelisch-Lutherischen Landeskirche Sachsens unterstützt wird. Es sollen Menschen erreicht werden, die keinen Kirchenkontakt haben. GoLife findet im Theater statt und die Verantwortlichen fragen sich – vielleicht auch etwas ironisch oder selbstkritisch –, ob ihre Veranstaltung überhaupt ein Gottesdienst ist, denn in ihrem Format gilt: »Theater statt Kirche, Barhocker statt Kanzel, Band statt Orgel, Scheinwerfer statt Kerzen, Zettelwirtschaft statt Gesangbuch, Comedy statt Weihrauch, Moderation statt Liturgie« (Arnold 2012, 59).

Der Nachteulen-Gottesdienst entstand 1996 im württembergischen Ludwigsburg und wird, wie der Name es nahelegt, abends gefeiert. Initiator ist der Gemeindepfarrer Georg Schützler, der die säkulare Stadtbevölkerung erreichen möchte. Meditation, Entspannungsübung, Gebet und Lieder sind Bestandteile des Nachteulen-Gottesdienstes, aber die Rede vom Leben steht im Mittelpunkt. Sie dauert ca. 40 Minuten, ihr Ausgangspunkt sind in der Regel nicht biblische Texte, sondern »Themenstellungen, die nach unserem Ermessen dem Menschen nahe liegen und zudem in unserer christlichen Tradition ihren spirituellen Ort haben.« So wird »Menschliches in Verbindung mit dem Göttlichen bedacht« (Friedrichs 2007, 40).

Eine noch ganz andere Zielgruppe wird mit den Motorradgottesdiensten angesprochen. In Hamburg an der evangelischen Hauptkirche Michel findet jährlich ein solcher Gottesdienst statt mit bis zu 40.000 Motorradfahrern, die mit ihren Motorrädern nach dem Gottesdienst in einem Konvoi über die Autobahn fahren, die eigens dafür gesperrt wird. Die Evangelisch-Lutherische Kirche in Norddeutschland hat sogar eine Pfarrstelle für Motorradgottesdienste eingerichtet, da dieses Gottesdienstformat auch an anderen Orten praktiziert wird. (www.mogo.de, abgerufen am 1.10.2019).

An den vorgestellten anderen Gottesdienstformen ist im Gegenüber zu den traditionellen Gottesdienstformen zu erkennen, dass sie sich meist am Paradigma der Unterhaltung orientieren. Sie sind zielgruppenorientiert, thematisch ausgerichtet und haben Eventcharakter. Abgesehen von dem Feierabendmahl der Kirchentage und der ThomasMesse sehen diese Gottesdienstformate keine Abendmahlsfeier vor. So wird einem Kulturwandel Rechnung getragen, indem Gottesdienstteilnehmende als Gäste und Besucher, auch als Konsumenten angesprochen werden. Das kann eine gewisse Berechtigung haben, weil Menschen in unserer westlichen Konsumgesellschaft sich mittlerweile einen Kundenhabitus zugelegt haben könnten, der mehr beinhaltet, als dass ein Kunde ein Produkt kauft (Fendler 2019). Vielmehr wird diese Verhaltensweise auf alle Lebensbereiche übertragen – auch auf die Beziehungen. Auch Beziehungen werden danach beurteilt, ob sie nützlich sind. »Der Kundenhabitus umfasst die Gesamtheit von Einstellungen, Erwartungen und Verhaltensweisen, die zum heutigen Kundesein gehören. (...) Im Hintergrund steht die Vermutung, dass die Menschen selbst einen solchen Kundenhabitus verinnerlicht haben und gar nicht anders können, als mit ihm der Welt entgegenzutreten.« (Klie/Fendler/Gattwinkel 2017, 30).

Gleichwohl haben auch traditionelle Formen eine Renaissance erlebt, wie z. B. die Osternachtfeiern, die in vielen Gemeinden wieder ganz selbstverständlich geworden sind. Tagzeitengebete, Meditationen, gemeinsame Pilgerwege etc. werden bei Einkehrtagen in Klöstern und Tagungshäusern, aber auch z. B. in Kirchengemeinden vor Ort angeboten. Die Möglichkeiten, im weitesten Sinn Gottesdienste zu feiern, haben sich seit den 1990er Jahren erheblich vergrößert.

Die evangelischen Kirchentümer konsolidieren sich und geben sich Kirchenordnungen. Es folgt eine orthodoxe Phase nach dem Dreißigjährigen Krieg, um auch kirchlich die Wirren des Krieges zu überwinden. Der Gottesdienst bekommt in der Aufklärungszeit stärker lehrhafte Züge, wohingegen der Pietismus auch für die Liturgiefeier das erlebende Subjekt in den Vordergrund stellt. Im Gefolge der Aufklärung entwickelt sich zunächst eine *ältere liturgische Bewegung*, die kulturprotestantisch ausgerichtet ist. Sie wird nach dem Ersten Weltkrieg von der *neueren liturgischen Bewegung* abgelöst, die das Innerkirchliche und Ökumenische stärker betont. Die preußische Agende von 1895 vereint im Sinne der Unionskirchen lutherische und reformierte Tradition in eine Agende. Nach dem Zweiten Weltkrieg werden wieder separate lutherische und unierte Agenden erstellt, die 1999 von einer gemeinsamen Agende für lutherische und unierte Kirchen in Deutschland, dem Evangelischen Gottesdienstbuch abgelöst werden. Dieselbe Entwicklung zeigt sich auch bei den Kasualagenden, der Perikopenordnung und dem Gesangbuch. Neue gottesdienstliche Formen werden erprobt, die nicht die traditionellen Formen der Liturgie, sondern Formen der gegenwärtigen populären Kultur aufnehmen, um auch Menschen zu erreichen, die kaum oder nicht mehr mit der gottesdienstlichen Tradition der Kirchen vertraut sind.

3. Empirische Erkenntnisse

3.1 Datenerhebung und Dateninterpretation

Spätestens mit der empirischen Wende in der Praktischen Theologie trat ein Interesse an der tatsächlich gelebten Gottesdienstpraxis in den Fokus der Disziplin (Pohl-Patalong 2011). Dazu hat sicherlich beigetragen, dass die seit Mitte der 1960er Jahre einsetzenden Veränderungen in der Gesellschaft und damit auch in den Kirchen mit einer ausschließlich historischen oder systematischen Analyse nicht hinreichend erklärt werden konnten. Weil die gesellschaftlichen Veränderungen erhebliche Auswirkungen auf die Traditionen der Kirchen hatten – in der römisch-katholischen Kirche wurde nach dem Zweiten Vatikanischen Konzil die Messe grundlegend verändert, die evangelischen Kirchen erkannten, dass die Nachkriegsagenden schon veraltet waren, und erprobten Gottesdienste in neuer Gestalt –, konnten diese Prozesse eher mit Hilfe empirischer Daten erklärt werden (Feige/Lukatis 2004). Die Daten (Müller 2018) können durch quantitative (Müller/Pickel 2018) oder qualitative (Wohlrab-Sahr 2018) Methoden gewonnen werden. Sie werden von ganz unterschiedlichen Institutionen, Verbänden, Forschern etc. und im Blickwinkel der damit verbundenen Interessen erhoben und sind nicht immer allein auf den Fokus Gottesdienst bezogen (Pollack/Krech/Müller/Hero 2018). So werden die aus ganz verschiedenen Motivationen heraus erhobenen Daten zum Teil auch recht verschieden interpretiert. Sie lassen sich mit den historischen oder systematischen Aspekten verbinden, weil nicht nur sie interpretationsbedürftig sind, sondern ebenso die historischen und systematischen Aspekte der Praktischen Theologie (Weyel/Gräb 2013; Schulz 2013). Nur so ergibt sich eine Praktische Theologie als Theorie der Praxis, die reflektierte und selbstreflektierte Ergebnisse vorlegen kann. Als Beispiel: 1950 gehörten fast 51 % der deutschen Gesamtbevölkerung einer Gliedkirche der EKD an, 2017 waren es noch 26 %. Die Zahlen sagen nicht, dass sich die Kirchenmitgliederzahlen halbiert haben. Denn wenn man die absoluten Mitgliederzahlen statt dem Verhältnis von Kirchenmitgliedern zur Gesamtbevölkerung in den Blick nimmt, dann ergibt sich nicht der Eindruck, dass der Schwund allzu dramatisch ist: 1950 waren es 25,2 Millionen Menschen, die einer der EKD-Kirchen angehörten, 2017 waren es 21,5 Millionen Menschen. Diese Zahlen belegen jedoch keine lineare Abwärtstendenz, da 1990 den EKD-Kirchen 29,4 Millionen Menschen angehörten. Im Vergleich zu 1990 zählen die EKD-Kirchen im Jahr 2017 also fast acht Millionen Mitglieder weniger (www.ekd.de: Zahlen und Fakten des kirchlichen Lebens). Um nun handlungsleitende Perspektiven zu entwickeln, ist ein Interpretationsmaßstab nötig: Will man die Relevanz der EKD in der deutschen Gesellschaft ermitteln, dann sind die Prozentzahlen das richtige Maß; wenn innerkirchliche (z. B. organisatorische) Veränderungen begründet werden sollen, wird man die absoluten Mitgliederzahlen verwenden.

Die EKD führt seit 1972 regelmäßig in zehnjährigem Abstand eine Befragung ihrer Mitglieder durch. Diese Befragung betrifft das gesamte kirchliche Leben. Die ersten drei Erhebungen stellten allerdings keine Fragen zum Gottesdienst. Erst die Erhebung von 2002 *Kirche in der Vielfalt der Lebensbezüge* fragte danach, wie oft die Befragten Gottesdienste besuchen, welche Anlässe es für den Gottesdienstbesuch gebe, welche Erwartungen an den Gottesdienst gestellt werden und welche Gründe gegen den Gottesdienstbesuch sprechen (Huber 2006, 453–455). Auf alle Fragen gab es mehrere Antwortmöglichkeiten, die mit unterschiedlicher Gewichtung angekreuzt werden konnten. Bei den Erwartungen an den Gottesdienst stellte sich mit einer hohen Gewichtung heraus, dass der Gottesdienst durch eine fröhlich-zuversichtliche Stimmung gekennzeichnet und von einer zeitgemäßen Sprache geprägt sein solle, ein Gefühl der Gemeinschaft vermitteln und vor allem eine gute Predigt enthalten solle. Befragte, die lediglich »binnen eines Jahres mehrmals«, seltener oder nie einen Gottesdienst besucht hatten, gaben mit hohem Gewicht an, dass sie am Wochenende ausspannen wollen oder dass der Gottesdienst für ihren Glauben unwichtig sei.

Die letzte, fünfte Erhebung der EKD aus dem Jahr 2012 *Vernetzte Vielfalt. Kirche angesichts von Individualisierung und Säkularisierung* fragte umfangreich nach Gottesdienstbesuch etc. (Bedford-Strohm 2015, 479–486). Auf die Erhebung von 2002 bezogen stellt sich heraus, dass wieder fast genau dieselben Erwartungen an den Gottesdienst eine hohe Gewichtung erhielten, nämlich dass der Gottesdienst eine gute Predigt enthalten, Zuversicht vermitteln, wichtige Themen der Gegenwart behandeln und von einer zeitgemäßen Sprache geprägt sein soll. Die Publikation der Ergebnisse enthält, wie auch schon bei den vorherigen Erhebungen, nicht nur die Fragebögen,

Antworten und Zahlen, sondern auch Beiträge, welche die Daten interpretieren. Dieser Band enthält sogar einen eigenen Beitrag zur liturgischen Praxis, der die Zahlen interpretiert und seinerseits von zwei beigefügten Kommentaren reflektiert wird (Bedford-Strohm 2015, 90–127). Zusätzlich zu den quantitativen Daten wurden mittels Interviews auch qualitative Daten erhoben. Einzelnen Personen wurden dieselben Interviewfragen gestellt, dadurch ergibt sich eine vertiefte Interpretationsmöglichkeit der quantitativen Daten.

Neben diesen umfangreichen Datenerhebungen über das gesamte kirchliche Leben bzw. über die Einstellungen der Mitglieder zu ihrer Kirche werden jährlich von der EKD weitere Zahlen erhoben. Im Jahr 2018 wurden insgesamt 978.266 Gottesdienstfeiern gezählt, darunter sind auch Kinder-, Familien- und Jugendgottesdienste. An einigen Sonntagen werden in den Kirchengemeinden offiziell die Teilnehmenden gezählt (Zählsonntage): Am Sonntag Invokavit nahmen am Gottesdienst 712.810, an Karfreitag 883.178, an Erntedank 1.501.626, am 1. Advent 954.840 und an Heiligabend 8.273.282 Menschen teil. Gezählt wurden auch 237.376 Abendmahlsfeiern im ganzen Jahr, an denen 8.436.684 Christen teilgenommen haben (www.ekd.de; Zahlen und Fakten zum kirchlichen Leben). An diesen Zahlen ist rasch zu erkennen, dass an besonderen Festtagen wie Erntedank oder besonderen Sonntagen wie dem 1. Advent mehr und insbesondere an Heiligabend sehr viele Menschen an Gottesdiensten teilnehmen, sehr viel weniger dagegen an einem »normalen« Sonntag wie Invokavit.

Vergleicht man diese Zahlen mit den vorausgegangenen Jahrgängen, lässt sich erkennen, dass die Teilnehmerzahlen für besondere Gottesdienste und insbesondere an Heiligabend steigen, während die »normalen« Gottesdienste sinkende Zahlen zu verzeichnen haben. Das lässt sich in vielerlei Hinsicht erklären, so z. B. damit, dass die moderne Lebensweise es nahelegt, sich an Events zu orientieren, wozu dann auch der Heiligabend gerechnet wird; oder dass die individuelle Auswahl das Handeln immer stärker bestimmt und das traditionelle, eher kontinuierliche Teilhabeverhalten keinen Vorrang mehr hat.

Im selben Jahr gab es 176.239 Taufen, 42.987 Trauungen, 174.116 Konfirmationen und 271.156 Bestattungen. Aus den Kirchen der EKD sind 197.207 Personen ausgetreten, 16.342 sind wieder einer der evangelischen Kirchen beigetreten und 9.887 haben aus anderen christlichen Kirchen zu einer der EKD-Kirchen gewechselt. Das Freiburger Forschungszentrum Generationenverträge legte eine Studie – Projektion 2060 – vor, die erstmals für die katholische Kirche wie für die evangelischen Kirchen Mitglieder- und Kirchensteuervorausberechnungen zusammen betrachtet. Für die evangelischen Kirchen wird erwartet, dass sich die Mitgliederzahlen bis zum Jahr 2060 aufgrund des demographischen Wandels (es sterben mehr Menschen als neue geboren werden – was aber auch für die ganze Gesellschaft zutrifft, so dass sich insgesamt die Einwohneranzahl Deutschlands verringern wird) und aufgrund der Austritte halbieren werden. Die zugrunde gelegten Daten gehen davon aus, dass die Entwicklung weitergeht wie in den vergangenen Jahren. Doch das muss nicht so bleiben. Zumindest was die Kirchenverbundenheit betrifft, kann sicherlich noch einiges verändert und verbessert werden, so stellt es die Broschüre der EKD *Kirche im Umbruch. Zwischen demografischem Wandel und nachlassender Kirchenverbundenheit* vom Mai 2019 fest. Sie stellt einige erfolgreiche Projekte unter der Überschrift *Kirche zum Mitmachen – wegen Umbau geöffnet* vor, die neue Angebote insbesondere für junge Menschen gemacht haben, die in Gemeinden erprobt worden sind.

3.2 Milieustudien

Erheblichen Einfluss auf die Liturgik – im Sinne einer Handlungswissenschaft mit dem Blickwinkel, dass der Gottesdienst eine Gestaltungsaufgabe sei – hatte die Milieustudie von Gerhard Schulze *Die Erlebnisgesellschaft. Kultursoziologie der Gegenwart* aus dem Jahr 1992. Schulze hebt das Erleben, insbesondere das ästhetische Erlebnis mit der Beobachtung hervor, dass in der deutschen Gesellschaft das individuelle Erlebnis eine hohe Präferenz besitzt. Waren die Deutschen nach dem Zweiten Weltkrieg mit dem Überleben befasst, konnten sie nun, nach der wirtschaftlichen und politischen Konsolidierung, das Erlebnis bzw. das Projekt des schönen Lebens in den Mittelpunkt ihres Lebens rücken. Als Begriff dafür setzt Schulze das Spannungsschema, denn was als Erlebnis erfahren werden soll, muss »spannend« sein. Er unterscheidet fünf Milieus der Erlebnisgesellschaft: das *Niveaumilieu*, das die hohe Kultur und Kunst bevorzugt und meist der Oberschicht entspricht; das *Harmoniemilieu*, das eher der Arbeiterschicht zugeordnet wird und darauf Wert legt, dass die Welt noch in Ordnung ist; das *Integrationsmilieu* – hier stehen die Freundlichkeit, die mittlere Bildung, die Geselligkeit in Vereinen und Clubs im Vordergrund –, das eher bei der Mittelschicht gefunden wird; das *Selbstverwirklichungsmilieu*, das an sich selbst und an Aktionen interessiert ist und meist bei jüngeren Menschen mittlerer bis hoher Bildung verortet wird; das *Unterhaltungsmilieu*, das jüngere Menschen mit geringerer Bildung bezeichnet, die an der Befriedigung von aktuellen Bedürfnissen und an Stimulation von Bedürfnissen durch Events etc. sehr interessiert sind.

Eberhard Hauschildt (1998) übertrug die Milieus auf die Gottesdienste: Das Niveaumilieu bevorzugt Kultur und Bildung auch im Gottesdienst, dafür mag der Universitätsgottesdienst stehen. Das Harmoniemilieu (wenig gebildet) hängt am traditionellen Gottesdienst und der Hochzeit in Weiß, es erwartet eine Kirche, wie sie immer war, und sieht die Kirche als Garanten des bürgerlichen familiären Glücks. Das Integrationsmilieu (mittlere Bildung) schätzt Freundlichkeit, Gemütlichkeit und Geselligkeit, Gemeindekreise und -gruppen werden gerne besucht. Waren bis hierher Menschen über ca. vierzig Jahren im Blick, so werden jüngere Menschen meist den beiden anderen Milieus zugeordnet. Das Selbstverwirklichungsmilieu (hohe bis mittlere Bildung) organisiert sich für soziale Projekte, bevorzugt Gottesdienstexperimente und legt Wert auf eigene Beteiligung am Gottesdienst; es ist den traditionellen Gottesdiensten gegenüber eher reserviert eingestellt. Das Unterhaltungsmilieu (wenig gebildet) legt Wert auf sinnliche Erlebnisse, trifft sich in der Kirchendisco, ist offen für Technogottesdienste und will sinnlich erfahrbare Gottesdienste ohne allzu großen intellektuellen Anspruch erleben.

Etwas anders fällt das Ergebnis aus, wenn nicht die Interpretation der Daten einer ganzen Gesellschaft auf den Gottesdienst übertragen wird, sondern Mitglieder einer Kirche in qualitativer Untersuchung, also durch Interviews, über den Gottesdienst befragt werden, wie es in der evangelisch-lutherischen Kirche Bayerns durchgeführt und 2007 veröffentlicht wurde. Dabei stand das Ritual im Mittelpunkt, denn zuerst wurde nach den Alltagsritualen gefragt und erst dann kam der Gottesdienst in den Blick. »Das Gros der Befragten bevorzugt den Gottesdienst in seinen Traditionsformen, eine weitere große Gruppe lehnt diesen aber als für sie unangemessene Form ab und beschreibt andere Feierformen, die für sie wichtig sind. (...) Der geordnete Sonntagsgottesdienst stellt also in vielen Fällen eine Gegenfolie für die offenen bzw. neuen Formen dar.« (Kerner 2015, 130). Auch stellte sich heraus, dass die Zahl der regelmäßig am Sonntagsvormittagsgottesdienst Teilnehmenden geringer ist als die Anzahl derjenigen, die den Gottesdienst unregelmäßig oder nach Bedürfnislage besuchen. Auch das Rituelle des Gottesdienstes erhält eine erhebliche Zustimmung. Ein Fazit dieser Untersuchung ist es, dass diejenigen, die andere Gottesdienstformen wünschen, zielgruppen- und milieuspezifische Gottesdienste suchen, wobei diese »zumeist auch gar nicht den Anspruch erheben, Gottesdienste für alle zu sein.« (Kerner 2015, 138). Martin (2007) hält in ihrer Untersuchung zu dieser Befragung fest, dass dualistische Erklärungen – hier Kirchenmitglieder, dort Ausgetretene, hier Christen und dort Nichtchristen etc. – nicht hinreichend sind. »Vielmehr stellen die gottesdienstlichen Haltungs- und Handlungsmuster das Resultat eines komplexen Ineinandergreifens unterschiedlicher Faktoren dar.« (178). Sie rät daher dazu, sich bei der Gottesdienstgestaltung eher an den übergreifenden Bedürfnissen der Menschen zu orientieren, weil dieses Vorgehen »vielleicht größere Potentiale birgt, mehr Menschen als bisher anzusprechen, als eine allzu starke bzw. einseitige Orientierung an den Interessen sehr spezifischer Ziel-, Milieu- oder Lebensstilgruppen.« (182).

Für die katholische Kirche in Deutschland wurde im Jahr 2005 eine Milieustudie veröffentlicht, die kirchenintern breit rezipiert wurde (Ebertz 2009/ Wippermann 2011); 2013 folgte ein Update (Calmbach 2013), die kurzerhand unter der Bezeichnung *Sinusstudie* in Umlauf kam. Das SINUS-Institut geht davon aus, dass es in Deutschland zehn Milieus gibt. Jede Milieubestimmung setzt sich zusammen aus dem sozialen Hintergrund und den Werten, Lebenszielen, Einstellungen etc., also der normativen Grundhaltung, die Menschen haben. Die einzelnen Milieus sind nicht voneinander getrennt zu denken, sondern bei jedem Milieu finden sich Überschneidungen zu mehreren anderen Milieus. Das Modell und seine Ergebnisse wurden auch auf die evangelische Kirche in Baden und Württemberg angewendet (Hempelmann 2015). Die Stärke dieser Studie liegt sicherlich darin, dass sie die jüngere Generation stärker differenzieren kann und dass sie vom SINUS-Institut jährlich fortgeführt wird, so dass die Milieuentwicklung sichtbar wird.

Eine Zusammenschau der unterschiedlichen Milieutheorien für die kirchliche Praxis hält fest, dass offenbar von allen Milieus gewünscht wird, ein Gottesdienst soll »von einer zeitgemäßen Sprache geprägt und durch eine fröhlich-zuversichtliche Stimmung gekennzeichnet sein. Und er soll eine gute Predigt enthalten, was auch immer ›gut‹ dann konkret bedeuten mag. Diese drei Erwartungen finden unter Kirchenmitgliedern so gut wie keinen Widerspruch.« (Schulz/Hauschildt/Kohler 2008, 122).

3.3 Allgemeine Religionsdaten

Neben den kirchlichen Initiativen zur empirischen Forschung gibt es noch weitere Forschungsergebnisse. Sie können hier nur in Auswahl genannt werden: Die Bertelsmann-Stiftung hat in den Jahren 2008 (Woran glaubt die Welt), 2013 (Religiosität im internationalen Vergleich) und 2017 (Muslime in Europa) drei »Religionsmonitore« publiziert, die über 20.000 Menschen in 20 Ländern zu Glaube und Religion befragten. Die Religionsmonitore werden von Religionswissenschaftlern, Soziologen und Psychologen erarbeitet (Bertelsmann-Stiftung 2009 und 2013). Die Ergebnisse werden auch auf kirchliche Belange angewandt (Huber 2014). Detlef Pollack hat mehrere Bücher zur Frage nach der Religion und ihrem Wandel in der gegenwärtigen Gesellschaft publiziert und belegt seine Interpretationen mit empirischen Daten (Pollack 2003, 2009, 2016).

Empirische Datenerhebungen können zeigen, wie sich Kirche in der Gesellschaft formiert (z. B. in Milieus), wie Meinungen und Verhaltensweisen sich über Jahrzehnte hin verändern. Die EKD führt alle zehn Jahre Mitgliederbefragungen durch, deren Ergebnisse in handlungsleitende Perspektiven für die kirchenleitende Praxis einfließen. Milieustudien gruppieren die Gesellschaft und qualifizieren sie beispielsweise als Erlebnisgesellschaft oder als Gesellschaft der Singularitäten (→ 1.1, S. 11). Wie sich Religion in der Moderne und auch weltweit entwickelt, wird religionssoziologisch ebenfalls empirisch erforscht. Die gesellschaftlichen Entwicklungen nehmen ganz unterschiedlich Einfluss auf die Gottesdienstteilnahme und -gestaltung sowie auf das Gottesdienstverständnis.

4. Systematische Entfaltungen der Disziplin Liturgik bzw. Liturgiewissenschaft

4.1 Arbeitsweisen und Dimensionen der Liturgik bzw. Liturgiewissenschaft

4.1.1 Grundlegende Differenzierung der Disziplin

Die als Teildisziplin der Praktischen Theologie verstandene Liturgik bzw. die Liturgiewissenschaft (zu dieser Differenzierung siehe unten 4.1.2/4.1.3) entfaltet sich in drei Dimensionen: historisch, systematisch und praktisch. In Kapitel 2 wurde bereits deutlich, dass Liturgiewissenschaft an der *historischen* Erforschung der Liturgiefeiern (anhand der Liturgieformulare, Messbücher, Agenden, Gesangbücher, kirchenleitenden Beschlüsse etc.) allein schon deshalb interessiert ist, um sich die unterschiedlichen Traditionen erklären zu können, die sich in den gegenwärtig gefeierten Liturgien zeigen. In *systematischer* Perspektive wird z. B. nach den normativen Voraussetzungen der Liturgiefeier gefragt, wie sie durch die Bibel, die Konzilien, die Dogmatik oder bei Luther durch die Rechtfertigungslehre gesetzt wurden, und versucht, mit eigenen Formulierungen das zu durchdringen, was Liturgie bzw. Gottesdienst ist. In praktischer bzw. *empirischer* Hinsicht schaut man auf die tatsächlich gefeierte oder zu feiernde Liturgie und begreift Liturgie vorrangig als Gestaltungsaufgabe. Praktische Liturgik reflektiert die Feiern der Gegenwart empirisch, fragt nach den kirchlichen Bedingungen und nimmt die Bedingungen in den Blick, die unterschiedliche Gesellschaften und Kulturen für die Liturgiefeier bieten.

Bei der Analyse einer tatsächlichen Feier greifen alle drei Dimensionen ineinander und werden für die Forschung bzw. für ihre Ergebnissicherung und Darstellung kombiniert: Jede Liturgie hat ihre (konfessionelle) Geschichte und Prägung (Agende, Messbuch, Gesangbuch), die an der tatsächlichen Feier ebenso zu erkennen sind wie die theologischen Normen (Bibel, Bekenntnisschriften, kirchenleitende Entscheidungen etc.) als dogmatische und ethische Gesichtspunkte, die die Feiergestalt und den Feiergehalt wirksam mitbestimmen. Nimmt man nun in empirischer Hinsicht eine tatsächliche Liturgiefeier z. B. an einem Sonntag in den Blick, untersucht man diese Liturgiefeier z. B. daraufhin, welche Agende und welches Gesangbuch etc. in dieser Gemeinde üblich ist (Norm), in welcher Tradition diese Gemeinde bzw. Kirche steht (historische Dimension), welche Rituale die Feier bestimmen, welche Personen mit welchen Ämtern und Aufgaben agieren, welche Personen(gruppen) sowie welche sozialen Schichten bzw. Milieus der Kirchenmitglieder bzw. der Gesellschaft den Gottesdienst mitfeiern, welche Musik verwendet, welche Bibeltexte gelesen, welche Predigt gehalten, welche Lieder gesungen, welche Sakramente gefeiert werden etc. Auf diese Weise wird gewissermaßen die anthropologische Ebene des Gottesdienstes abgebildet. In dieser Hinsicht ist die empirische Erforschung der Liturgiefeier grundlegend. In »theo-logischer« Hinsicht wird darüber hinaus auch darzustellen sein, was die Feiernden glauben, wie Gott in dieser Feier wirkt (systematische Dimension).

4.1.2 Liturgik als Teildisziplin der Praktischen Theologie

Aus praktisch-theologischer Sicht hat die Liturgik teil am Selbstverständnis der Praktischen Theologie in ihrer jeweiligen Zeit. Im Anschluss an die Dominanz der Dialektischen Theologie im Anschluss an Karl Barth, die sich in praktischer Hinsicht an theologischen Prinzipienfragen und an der Verkündigung, insbesondere der Predigt, orientierte, hat sich die Praktische Theologie seit Mitte der 1960er Jahre als Handlungswissenschaft verstanden. Sie nimmt nun die Lebenswirklichkeit der Menschen in ihren alltäglichen kulturellen und gesellschaftlichen Kontexten in das Forschen und Reflektieren auf und wendet sich dem tatsächlich gelebten Christsein zu. Verwechseln sollte man sie nicht mit der viel älteren Anwendungswissenschaft, als die sich die Praktische Theologie im 19. Jh. verstand: Sie firmierte als Pastoraltheologie und wandte sich an den Pfarrer, um ihm zu zeigen, wie man Gottesdienst feiert, Seelsorge betreibt, Unterricht gibt etc. Diese Funktion kann auf Friedrich Schleiermacher zurückgeführt werden, der die Aufgabe der Praktischen Theologie darin sah, *Kunstregeln* für das kirchenleitende Handeln aufzustellen, wobei dieses nicht nur der obersten Kirchenleitung für die ganze Kirche zukam, sondern in erster Linie jedem Pfarrer für seine Gemeinde oblag. (Nach Schleiermacher gelten Kunstregeln nicht nur für die Theologie, sondern sind ebenso notwendig für die

Staatslehre oder die Pädagogik.) Mit Schleiermacher ist Praktische Theologie als eine Theorie der Praxis zu verstehen: »All diese Kunstlehren sind in ihrem Theoriestatus dadurch charakterisiert, daß sie auf handlungsorientierende Weise zwischen dem kategorialen Wissen um die konstitutiven Phänomene der menschlich-geschichtlichen Welt einerseits und ihrer empirischen Wahrnehmung andererseits zu vermitteln suchen. In der Beziehung der Idee auf den empirischen Befund haben sie Verhaltensregeln zu entwerfen, nach denen in den gegebenen Zustand der Dinge einzugreifen ist, er verbessert werden, nach Maßgabe des ihm Wesentlichen gestaltet werden kann.« (Gräb 2000, 97).

In gewisser Weise griff man in den 1960er Jahren mit der Konzeption der Praktischen Theologie als Handlungswissenschaft auf Schleiermacher bzw. die liberale Tradition zurück. Sie wurde nun aber nicht mehr als Anwendungswissenschaft verstanden, sondern als ein Reformprogramm, das sich »kritische Handlungswissenschaft« nannte. So formuliert Karl-Fritz Daiber in seinem 1977 erschienenen *Grundriß der Praktischen Theologie als Handlungswissenschaft. Kritik und Erneuerung der Kirche als Aufgabe*: »Praktische Theologie arbeitet dann sachgerecht, wenn sie empirisch orientiert ist. Praktische Theologie arbeitet dann sachgerecht, wenn sie ihrem Gegenstand gegenüber kritisch orientiert ist. Praktische Theologie arbeitet dann sachgerecht, wenn es zur Verknüpfung empirischer und kritischer Orientierung kommt.« (Daiber 1977, 23). Der Bezug zur tatsächlich gelebten Kirche als Gegenstand war ebenso selbstverständlich wie der Anspruch, dass die Kirche zu erneuern ist. Diese Haltung hat sicherlich mit den gesellschaftlichen Umbrüchen der 1960er Jahre zu tun, aber auch mit der sogenannten »empirischen Wende«, die sich in der Praktischen Theologie durchsetzte; der Religionspädagoge Klaus Wegenast hat 1968 diesen Begriff in die Religionspädagogik eingeführt. Die Erkenntnisse der Human- und Gesellschaftswissenschaften, wie z. B. der Psychologie, Pädagogik, Soziologie etc., wurden bewusst in den Erkenntnisprozess der Praktischen Theologie aufgenommen; sie sind seitdem wichtige Bezugswissenschaften für die Praktische Theologie. Die Aufnahme der empirischen Daten über das tatsächliche kirchliche oder gottesdienstliche Leben und die normativen Setzungen bzw. Erwartungen an Liturgiefeiern geraten dabei oftmals in ein Spannungsverhältnis zueinander: »Nach evangelischem Verständnis prägt die gottesdienstliche Feier die Lebensgestalt von Kirche und Christentum, nicht selten wird sie als Zentrum des kirchlichen Lebens und als Mitte der Gemeinde angesehen. (...) Zur gegenwärtigen Normalität des Sonntagsgottesdienstes gehört es aber, dass an diesem nur eine kleine Minderheit der

Evangelischen hierzulande teilnimmt. (...) *Die Spannung zwischen der normativen Zuschreibung und der faktischen Teilhabe*« (Fechtner 2017, 128, letzter Satz auch im Original kursiv) liegt also auf der Hand.

Im Zuge der empirischen Wende wurde die »Kommunikation des Evangeliums« zum neuen Leitbegriff und verdrängte das Verkündigungsparadigma der Dialektischen Theologie. Auf diese Weise wurden nun auch die faktischen Bedingungen des kirchlichen Lebens mit eingebunden. Es war Ernst Lange, der diesen Impuls aus der Ökumene aufgenommen und für das Reformprogramm der Praktischen Theologie als Handlungswissenschaft fruchtbar gemacht hat (Lange 1981, 101–129). Evangelische wie römisch-katholische Praktische Theologen schlagen vor, den Gegenstand der Praktischen Theologie überhaupt mit *Kommunikation des Evangeliums* zu bezeichnen. Christian Grethlein entfaltet von der Kommunikation des Evangeliums her seinen Entwurf einer Praktischen Theologie, sein erster Satz lautet programmatisch: »Praktische Theologie analysiert und reflektiert die Kommunikation des Evangeliums in der Gegenwart.« (Grethlein 2012, V). Weitere Werke von Grethlein zur Taufe, zum Abendmahl, zur Kirchentheorie etc. folgten und basieren ebenfalls auf diesem Paradigma.

Wilfried Engemann (2007, 140–142) entwickelt ein Verständnis von Praktischer Theologie, das sich ausgehend von der Kommunikation des Evangeliums in sechs Schritten zeigt. Die Praktische Theologie »entwickelt (1.) Theorien für die Kommunikation des Evangeliums (2.) durch Personen (3.) auf der Basis von Zeichen (4.) in bestimmten Situationen (5.) zur Gestaltung von Kirche (6.) um der Zu- und Aneignung der Freiheit willen.« Die Kommunikation des Evangeliums ist ein (1.) »Mitteilungs- und Partizipationsgeschehen«, das den ganzen Menschen umfasst und sich nicht auf alleinige Informationsweitergabe beschränken lässt. Die Kommunikation des Evangeliums geschieht immer (2.) durch Personen »mit unterschiedlichen Erfahrungen, Kompetenzen und Lebenseinstellungen«, die den Kommunikationsprozess mitprägen werden. Der Kommunikationsprozess ereignet sich (3.) »auf der Basis von Zeichen (Worte, Schrift, Gesten, Symbole, Gegenstände, Haltungen, Bewegungen usw.)« und das (4.) immer in bestimmten Situationen, sei es in der Gegenwart oder der Vergangenheit, da die Kommunikation des Evangeliums sich nicht situationslos ereignen kann. Die Kommunikation des Evangeliums gestaltet (5.) Kirche bzw. die Kirche gestaltet die Kommunikation, denn in diesen Kommunikationsprozessen soll (6.) »sich das Evangelium als befreiendes Movens im Leben einzelner, im Leben der Gemeinde und der Gesellschaft als ganzer erweisen.« Um diese Aufgabe in sechs Schritten zu erfüllen, braucht es den

Dialog mit der (1.) Kommunikationswissenschaft, (2.) Psychologie, (3.) Semiotik, (4.) den Sozialwissenschaften, (5.) der Wirtschafts- und Rechtswissenschaft, (6.) der Philosophie. Die Praktische Theologie als Wissenschaft ist also auf Interdisziplinarität und Dialog angelegt.

Dass bei *Kommunikation des Evangeliums* nicht nur, aber immer auch explizit der Gottesdienst, in Predigt oder Liturgie, mit bedacht und entsprechend mit erforscht wurde, zeigen viele Veröffentlichungen zum Gottesdienst, die in den letzten Jahrzehnten z. B. in den Buchreihen *Praktische Theologie heute* (Kohlhammer-Verlag), *Arbeiten zur Pastoraltheologie, Liturgik und Hymnologie* (Vandenhoeck & Ruprecht), *Arbeiten zur Praktischen Theologie* (Evangelische Verlagsanstalt), *Praktische Theologie im reformierten Kontext* (Theologischer Verlag Zürich), *Praktische Theologie im Wissenschaftsdiskurs* (deGruyter) oder als Einzelwerke publiziert wurden. Die Publikationen zeigen, dass die Reihe der Bezugswissenschaften erheblich erweitert wurde, so sind z. B. Theaterwissenschaft, Ritualtheorie, Kulturwissenschaft, Linguistik, Ästhetik hinzugekommen. Auch für die Systematische Theologie wird der Begriff der Kommunikation des Evangeliums geltend gemacht, wie Ingolf U. Dalferth ausführt, weil damit nicht nur die Verkündigung des Evangeliums, sondern »das gesamte christliche Leben in der Vielfalt seiner gemeinsamen und individuellen Vollzüge« bestimmt werden kann. »Zur christlichen Kommunikation des Evangeliums gehört so, dass man miteinander über das Evangelium kommuniziert, aber auch, dass man kommuniziert, wie man vom Evangelium betroffen (oder nicht betroffen) ist, was man unter dem Evangelium versteht (oder nicht versteht), wie und wo man wahrnimmt (oder nicht wahrnimmt), was sich als Evangelium kommuniziert (Gottes gute Gegenwart), auf welche Weisen das Evangelium kommuniziert wird (oder eher nicht), was aus dem Evangelium für die Gestaltung des gemeinsamen und individuellen Lebens folgt (oder nicht folgt), wie man die Welt, in der man lebt, und das Leben, das man in der Welt führt, zu verstehen (oder nicht zu verstehen) hat usf.« (Dalferth 2004, 94f).

Ein anderer Akzent wird für das Selbstverständnis der Praktischen Theologie gelegt, wenn sie weniger als Handlungswissenschaft denn als *Wahrnehmungswissenschaft* angesehen wird und die *gelebte Religion* in den Mittelpunkt rückt. Dann wird die Praktische Theologie verstanden als Theorie der christlichen Religionspraxis. »Sie bezieht sich nun nicht mehr allein auf die kirchliche Praxis im Sinne einer Handlungsanweisung, sondern weitet sich zu einer Theorie der religiösen Praxis.« (Wagner-Rau 2017, 19). Wahrnehmen und Deuten (Gräb 2006/2018) stehen im Mittelpunkt, Religion wird sinnlich wahrnehmbar, womit soziale Phänomene ins Blickfeld geraten (Failing/Heimbrock 1998). Der Alltag und die Kultur als Lebenswelt treten in den Fokus von Praktische Theologie. Leitend ist dabei auch die Erfahrung in deutschsprachigen Ländern, dass es eine Vielzahl von Religionen und Religionspraxen gibt und die christliche Kirche bzw. die christlichen Kirchen keine die Kultur dominierenden Größen mehr sind. So weitet sich der Blick von der Kommunikation im kirchlichen Kontext zur Religionspraxis in der Gesellschaft.

Ebenso ist festzustellen, dass zunehmend auch außerhalb der verfassten Kirchen durchaus Christentum gelebt wird. Selbst wenn die Kirchen(organisationen) einen Marginalisierungsprozess erleben bzw. erleiden, heißt das nicht, dass damit auch die Religionspraxis in der Gesellschaft marginalisiert wird oder gar aufhört. Eher kann das Gegenteil festgestellt werden. Das hängt allerdings mit dem jeweiligen Religionsverständnis zusammen. Die Praktische Theologie unterscheidet wie die Religionswissenschaft zwischen einem *funktionalen* und einem *substanziellen Religionsverständnis*. Das funktionale Religionsverständnis fragt nach dem Zweck, den die Religion für die Gesellschaft, die Kultur oder für den Einzelnen hat. So kann Religion den sozialen Zusammenhalt einer Gesellschaft stabilisieren, zur Kontingenzbewältigung verhelfen (Lübbe 1986, Luckmann 1991) oder zum Sinnvertrauen in das gesellschaftliche System (Luhmann 1977) beitragen. Zugunsten dieser Funktionsbestimmungen werden die Inhalte der Religion hintangestellt. Dagegen betrachtet das substanzielle Religionsverständnis vorrangig gerade diese Inhalte, da es sich jeweils bezieht »auf eine bestimmte Religionsform mit ihren spezifischen Inhalten und Gestalten. Religiöse Praxis wird identifiziert im Kult und in bestimmten Traditionen und Lehren, die sich auf etwas Transzendentes richten.« (Wagner-Rau 2017, 23). Auch der Ansatz bei der gelebten Religion kann von der Systematischen Theologie aufgenommen werden, so z. B. über den Begriff des Lebens oder den der Kirche (Grözinger/Pfleiderer 2002, 40f, 191ff).

Wenn aus dem Blickwinkel dieser beiden Konzepte auf das Feld Gottesdienst bzw. Liturgie geschaut wird, stellt sich bemerkenswerterweise heraus, dass diejenigen, die die Kommunikation des Evangeliums als Theorieansatz der Praktischen Theologie bevorzugen, eher den Sonntagsgottesdienst fokussieren, und dass diejenigen, die bei der gelebten Religion ansetzen, eher die Kasualgottesdienste im Blick haben. Denn Letztere legen den Schwerpunkt auf das je und je gelebte Leben als gelebte Religion, und das zeigt sich am ehesten bei den religiösen Gelegenheiten, während Erstere eher die liturgischen Normen im Blick haben, die beim Sonntagsgottesdienst stärker im Vordergrund stehen. Trotzdem gilt für beide Gottesdienstsorten: Norm und Situation sind empirisch oft nur schwer voneinander zu trennen, da sie je nach Personen und Situationen korrelieren.

4.1.3 Liturgiewissenschaft als eigenständige Disziplin

Zwischen Liturgik und Liturgiewissenschaft wird im allgemeinen Wissenschaftssprachgebrauch kaum unterschieden, genau wie auch zwischen Gottesdienst und Liturgie kaum unterschieden wird. Versteht man dagegen die Liturgiewissenschaft als eine eigenständige Disziplin, legt es sich nahe, hierfür auch ausdrücklich von Wissenschaft zu sprechen. Der Begriff Liturgik legt sich dagegen insofern aus der Sicht der Praktischen Theologie nahe, als hier die Liturgik als eine Teildisziplin verstanden wird, die sich vorrangig mit der Gestaltung des Gottesdiensts bzw. der Liturgie befasst. Diese Vorstellung kann für eine selbständige Disziplin Liturgiewissenschaft aber nicht gelten.

Das hat in der Tradition der römisch-katholischen Kirche zu Auseinandersetzungen geführt. Hatte doch das Zweite Vatikanische Konzil (1962–1965) gefordert, dass die Liturgiewissenschaft »an den Theologischen Fakultäten zu den Hauptfächern zu rechnen« [Disciplin de sacra Liturgia (...) in facultatibus autem theologicis inter disciplinas principales est habenda] (SC 16) ist. So findet sich heute an fast allen Katholisch-Theologischen Fakultäten ein Lehrstuhl für Liturgiewissenschaft. Diese Tatsache sagt aber noch nicht viel über die Konzeption des Faches aus. Die katholischen Liturgiewissenschaftler nahmen 1991 eine Standortbestimmung vor, die das Fach im Rahmen der Praktischen Theologie verortete (Gerhards/Osterholt-Kootz 1992). Dagegen setzt Reinhard Meßner den Schwerpunkt der Liturgiewissenschaft auf die systematische und historische Dimension und hält fest, der Gegenstand der Liturgiewissenschaft sei derselbe wie bei allen anderen Fächern der Theologie: der Glaube. Darum habe die Liturgiewissenschaft das Verstehen in den Mittelpunkt zu rücken und ziele nicht auf das Gestalten ab. Kurz und knapp skizziert Meßner die beiden Grundoptionen: »Liturgiewissenschaft als historisch-systematische Disziplin, die vorwiegend geistes- bzw. kulturwissenschaftlich ausgerichtet ist und primär dem Verstehen des christlichen Glaubens dient, oder als praktisch-theologische Disziplin, die unmittelbar in die pastorale Praxis der Kirche hineinwirken will, also auf die Mitgestaltung der Liturgiereform als einer ständigen Aufgabe der Kirche hinzielt.« (Meßner 2009, 23).

Meßner unterteilt die Liturgiewissenschaft in eine historische, eine systematische und eine kritische Dimension. Die historische Dimension umfasst die Liturgiegeschichtsforschung bis zur Gegenwart. Die systematische Dimension sucht in den vielen gottesdienstlichen Überlieferungen die *eine* Überlieferung des Evangeliums, nämlich »die geistliche Wirklichkeit des vom Geist Gottes gewirkten Heilshandelns Gottes am Menschen und dessen doxologische Reaktion im Glauben.« (Meßner 2009, 26). Die kritische Dimension der Liturgiewissenschaft, die einer liturgischen Ästhetik nahekommen könnte, misst den aktuellen Vollzug der Liturgie an diesem Maßstab und »stellt eine Kriteriologie für die je zeit- und situationsgemäße Gestaltung des Gottesdienstes auf.« (Meßner 2009, 26). Ihre Aufgabe ist es aber nicht, Liturgien zu gestalten oder neue Liturgien zu entwerfen. Bei diesem letzten Punkt setzt die Kritik jener katholischen Liturgiewissenschaftler ein, die die Liturgie im Bereich der Praktischen Theologie verorten. So kritisieren Albert Gerhards und Andreas Odenthal, dass die Erkenntnisse der »empirischen Wende« kaum zum Zuge kommen und ebenso wenig auch der Dialog mit den Humanwissenschaften (Gerhards/Odenthal 2000). Gleichwohl ist festzuhalten, dass die Liturgiewissenschaft eine Fülle von Methoden in ihrem Repertoire hat (Kranemann 2015) und zugleich intradisziplinär (im Diskurs der theologischen Disziplinen) und interdisziplinär (im Diskurs mit den Bezugswissenschaften der Praktischen Theologie) arbeitet.

In diesem Zusammenhang wird auch die Frage nach einer ökumenischen Liturgiewissenschaft relevant, denn letzten Endes kann keine Liturgiewissenschaft rein konfessionalistisch arbeiten, weil die Traditionen immer auch historische und gegenwärtige Relationen aufweisen. Liturgie mit ihrer Geschichte und ebenso die in der Gegenwart gefeierten Liturgien der unterschiedlichen Traditionen und Kirchen können nicht ausgeblendet werden. Diesbezüglich gibt es eine ganze Reihe von Bemühungen und Anregungen (Kranemann 2014). Bieritz betont im Vorwort seiner Liturgik, dass er sie nicht hätte schreiben können ohne »den ständigen Rückgriff auf die katholische Liturgiewissenschaft und ihre Forschungsergebnisse«, und empfiehlt sein »Kompendium als eine ökumenische Liturgik, das die konfessionellen Teilkulturen nicht gegeneinander aufrechnet, sondern sie als bleibend aufeinander bezogene Realisationen der Glaubens-, Kirchen- und Gottesdienstkulturen des Christentums begreift« (Bieritz 2004, VI).

In ökumenischer Hinsicht bietet die Liturgietheologie ein beredtes Beispiel. Begründet wurde sie vom orthodoxen Theologen Alexander Schmemann (1966/1988); die beiden römisch-katholischen Theologen Aidan Kavanagh (1984) und David W. Faberberg (2004) legten eigene Liturgietheologien vor. Auch der römisch-katholische Theologe Andrea Grillo verfasste 2006 eine

Einleitung in die liturgische Theologie, und der evangelisch-lutherische Theologe Gordon W. Lathrop publizierte ebenfalls mehrere Werke im Sinne einer Liturgietheologie (1993/1999). Liturgische Theologie ist im nordamerikanischen Raum gut vertreten (vgl. Raschzok 2017). Im deutschsprachigen Raum vertritt auch der römisch-katholische Theologe Reinhard Meßner (Meßner 1998) eine liturgietheologische Position. Die liturgische Theologie »hat die Liturgie als Quelle für die Theologie im Blick. Sie geht also vom Glaubensvollzug in der Liturgie, vom Glaubensgeschehen und von der Glaubenserfahrung aus, die sich in der Liturgie ereignen.« (Neijenhuis 2012a, 156). So kann deutlich werden, dass die Feier der Liturgie einen Eigensinn und ein Eigenleben hat. Darum wird die Liturgiefeier selbst als *theologia prima* bezeichnet. Wird diese (wissenschaftlich) reflektiert, wird von einer *theologia secunda* gesprochen und alle weiteren berechtigen Aspekte, die eine Liturgiefeier auch ausmachen, werden im Zug dieser Reflexion beachtet. (Haspelmath-Finatti 2014).

Dagegen nimmt eine Theologie der Liturgie Vorgaben auf, die nicht aus der Liturgie stammen, sondern z. B. aus der Systematischen oder Praktischen Theologie, oder die kulturellen Rahmenbedingungen. Eine Theologie der Liturgie formuliert, wie die Liturgie sein *soll* (Liturgie als Gestaltungsaufgabe). In diesem Sinne legte der methodistische Theologe Geoffrey Wainwright eine Systematische Theologie der Liturgie vor und eröffnete sie mit Abschnitten über das Gottesbild, über Christus, den Heiligen Geist und die Kirche; weitere Abschnitte folgen, die darlegen, wie Liturgie sein sollte (Wainwright 1980).

Die deutschsprachige evangelische Systematische Theologie und insbesondere die evangelische Dogmatik reflektieren kaum oder gar nicht darüber, was Liturgie oder der Gottesdienst als solche sind. Insofern bewegen sich evangelische Dogmatiken im Bereich der Theologie der Liturgie, da sie die Predigt als Verkündigung und die Sakramente Taufe und Abendmahl als Gnadenmittel behandeln und sie vorrangig unter der Vorgabe des Wortes Gottes in Bezug auf den Gottesdienst reflektieren. Peter Brunner veröffentlichte 1954 eine Gottesdiensttheologie mit dem Titel *Lehre vom Gottesdienst der im Namen Jesu versammelten Gemeinde*, die einen trinitarisch-heilsökonomischen Zuschnitt hat. Zusammengefasst: »Der christliche Gottesdienst ist grundgelegt in Jesu Kreuz und Auferstehung und wird eröffnet durch die Sendung des Heiligen Geistes an Pfingsten. Damit bricht die Zeit der letzten Dinge an, denn der Gottesdienst steht zwischen Jesu Himmelfahrt und Wiederkunft, zwischen Taufe und Sterben, zwischen Lobpreis der himmlischen und Harren der irdischen Kreatur. So erfolgt ein dreifacher Transitus der Gottesdienstfeier vom Vergehen der Welt zum Hindurchdringen zur Herrlichkeit des anbrechenden Gottesreiches, vom angefochtenen und gerechtfertigten Sünder zur bleibenden Christusgemeinschaft, die versklavte Kreatur sehnt sich nach der Freiheit des neuen Himmels und der neuen Erde.« (Neijenhuis 2011, 222).

Eberhard Jüngel betont in seinem Beitrag zum Verständnis des evangelischen Gottesdienstes, dass er Ort der Rechtfertigung ist; die Verkündigung des Wortes und die Feier der Sakramente sind keine Werke des Menschen, sondern Menschen führen nur das aus, was Gott selbst tut; Menschen sind als Ausführende die Empfangenden (Jüngel 1990). Eilert Herms hebt hervor, dass das Wort Gottes nicht recht verstanden ist, wenn es allein auf die Predigt bezogen wird. Im Gegenteil: Herms spricht ausdrücklich von Sakrament und Wort (in dieser Reihenfolge), denn die Feier und die Verkündigung des Evangeliums sind die eigentliche Vorgabe, die auf Jesus Christus selbst zurückgeht. Der Glaube an Jesus Christus kann gar nicht gelebt werden ohne eine Beziehung zu jenen Worten bzw. zu jener Ursprungssituation der Worte, die Jesus bei der Einsetzung des Abendmahls gesagt hat (Herms 2010).

Der Praktische Theologe Martin Nicol publizierte 2009 ein Plädoyer für den evangelischen Gottesdienst, mit dem auch er dafür eintritt, wie der Gottesdienst sein soll. Er stellt ein theologisches Leitbild vor, das er als »Weg im Geheimnis« bezeichnet. Nicol wehrt damit ein Gottesdienstverständnis ab, das dem evangelischen Gottesdienst einseitig eine katechetisch-kerygmatische Ausrichtung gegeben hat, so dass aus dem Gottesdienst ein »Instrument der Belehrung, Bekehrung oder Moralisierung« (Nicol 2009, 19) geworden ist. Vielmehr sei der Gottesdienst »eine Wegstrecke in der Gotteswirklichkeit. Gottesdienst ist, so sage ich, Weg im Geheimnis.« (Nicol 2009, 27). Er bezieht sich dabei sowohl auf Jüngels Werk über Gott, der das Geheimnis der Welt ist, als auch auf römisch-katholische Autoren, die den Gottesdienst bzw. die Messe als Kultmysterium oder als Feier des Mysteriums Christi beschreiben. Nicol betont ausdrücklich, dass die Gottesdienstfeier ein Weg *im* Geheimnis sei und kein Weg *ins* Geheimnis Gottes, denn es »ist davon auszugehen, dass der Mensch schon immer im Geheimnis lebt. Warum? Weil er in Gott lebt.« (Nicol 2009, 30). Aus dieser Perspektive heraus behandelt er dann z. B. Symbol und Ritual, Wort und Sakrament etc.

Die *theologia prima* dagegen bringt zum Ausdruck, wie die Liturgie *ist* (Gott wirkt in der Liturgiefeier im Heiligen Geist). »Nicht die Frage der historisch ansetzenden Liturgiewissenschaft nach Entstehung und Entwicklung gottesdienstlicher Traditionen in Ost und West, nicht der synchrone oder diachrone Vergleich von Riten- und Liturgiefamilien, nicht praktisch-theologische oder pastoralliturgische Fragen nach Kriterien und Hilfen für eine sinnvolle liturgische Praxis, nicht systematisch orientierte Fragen nach den im liturgischen Vollzug aufscheinenden Glaubensinhalten stehen im Mittelpunkt des Interesses. Anliegen der liturgical theology ist es vielmehr, die Bedeutung zu klären, die liturgische Vollzüge als solche für den Glauben der Kirche und für die Theologien der akademischen Disziplinen haben.« (Knop 2012, 214f). Gleichwohl sind beide Pole, wenn auch manchmal in einer eigentümlichen Spannung, aufeinander bezogen. Sowohl beide Pole als auch die damit verbundene Spannung sind für eine wissenschaftliche Reflexion der Liturgie wertvoll. Diese wissenschaftstheoretische Feststellung klärt aber nicht die (dogmatische) Frage, welche Quelle denn nun die eigentliche oder gar wahre Quelle des Glaubens (oder des evangelischen Glaubensverständnisses) ist: Ist die Feier der Liturgie oder die Verkündigung des Wortes Gottes die Quelle des Glaubens?

> Die Liturgik bzw. die Liturgiewissenschaft entfaltet sich in historischer, systematischer und praktischer Perspektive. Historisch wird nach den liturgischen Traditionen gefragt, systematisch sind Normfragen und Durchdringung des Ganzen der Liturgie bzw. des Gottesdienstes im Fokus, praktisch-empirisch wird die liturgische Praxis in den Blick genommen. Liturgik als Teildisziplin der Praktischen Theologie, die sich als Handlungswissenschaft versteht, sieht den Gottesdienst als Gestaltungsaufgabe. Wird Praktische Theologie als Wahrnehmungslehre bzw. als Lehre von der gelebten Religion verstanden, tritt stärker die Lebenswirklichkeit als Norm für den Gottesdienst in den Vordergrund. Wird die Liturgiewissenschaft als eigenständige Disziplin verstanden, wird eine liturgische Theologie intendiert, die mit starkem historischen und systematischen Schwerpunkt fragt, wie die Liturgie ist. Eine Theologie der Liturgie dagegen versucht zu formulieren, wie die Liturgie sein soll.

4.2 Bezüge zu außertheologischen Wissenschaften

4.2.1 Kommunikationswissenschaft und Semiotik

Aus allem bisher Dargelegten ist ersichtlich, dass Gottesdienst – sei es Liturgie, sei es Predigt – grundlegend als Kommunikation verstanden wird.

Deshalb stellt die Kommunikationswissenschaft eine wichtige Bezugswissenschaft für die Liturgik dar. Und weil Liturgie vor allem anderen in ritueller Gestalt feiert wird, spricht man von einer rituellen Kommunikation des Evangeliums. Dies macht die Ritualwissenschaft zu einer weiteren wichtigen Bezugswissenschaft für die Liturgik. Neben diesen beiden naheliegenden Bezugswissenschaften können noch (viele) weitere genannt werden, so dass sich die Frage stellt, wie die gewonnenen Erkenntnisse aufeinander bezogen bzw. wie sie zusammen gesehen werden können. Die Möglichkeit dafür bietet die Semiotik (Zeichenlehre): »Die Semiotik ist darum nicht die Wissenschaft von den Zeichen, sondern die Wissenschaft, welche alles im Zusammenhang von Zeichenprozessen betrachtet. Alles kann auch Zeichen sein.« (Meyer-Blanck 2011, 18). Bezeichnenderweise ist es die Liturgik gewesen, die sich zuerst um ein semiotisches Verständnis der Liturgie bemüht hat (Schiwy 1976, Volp 1982, Bieritz 1982), die Homiletik ist ihr gefolgt (Engemann 1993). Liturgie kann semiotisch beschrieben werden (Neijenhuis 2007); eine ganze Gottesdienstlehre kann aus semiotischer Perspektive verfasst werden (Meyer-Blanck 2011).

Dabei ist der Alltagsgebrauch des Wortes Zeichen nur bedingt für das semiotische Verständnis von Zeichen hilfreich. Die Umgangssprache kann z. B. ein Verkehrsschild oder das Kreuz auf einem Kirchturm ein Zeichen nennen. Aber die Semiotik befasst sich nicht mit Gegenständen »an sich«, sondern setzt diese Gegenstände in Bezug zur deutenden Wahrnehmung. Denn alles, was unsere Sinne wahrnehmen, also was wir hören, sehen, schmecken, riechen, tasten, wird als Zeichen verstanden. Mit dem Zeichenverstehen erklären wir uns die Welt. Der Semiotiker Umberto Eco hält fest: Zeichen »sind das einzige, was der Mensch hat, um sich in der Welt zurechtzufinden.« (Eco 1982, 625) Auch ein Gedanke, der auf keine vorhergehende Sinneswahrnehmung zurückgeführt werden kann, kann als Zeichen verstanden werden. Diese Zeichenprozesse – fachwissenschaftlich Semiose genannt – sind immer dreistellig: *Etwas* steht für *etwas* anderes auf *etwas* Drittes hin. Dieses *Etwas*, das sich im Zeichenprozess gewissermaßen einstellt, ist ein Zeichen. Zeichen sind also dreistellig: 1. *etwas*, 2. *für* etwas, 3. *auf* etwas *hin*. Oder semiotisch ausgedrückt: Signifikant, Signifikat und Referent.

Am Beispiel des Zeichens Taufe verdeutlicht: Der Signifikant ist der Bedeutungsträger, damit ist die Zeichengestalt des Wassers gemeint; das Signifikat ist die Zeichenbedeutung des Wassers, damit ist z. B. die Abwaschung der Sünden oder der Tod und die Auferstehung mit Christus gemeint. Die dritte Stelle des Zeichens wird Referent genannt, damit wird ausgedrückt, warum man überhaupt tauft: Ein Getaufter gehört zu Christus, ist Teil des

Leibes Christi bzw. Teil des Volkes Gottes. In manchen semiotischen Theorien wird darum der Referent auch Objekt genannt, weil mit dem Referenten das ausgedrückt wird, um was es bei dem Taufvorgang eigentlich bzw. im semiotischen Sinne objektiv geht. Denn das Wasser bekommt erst seine religiöse Bedeutung, wenn es im Zeichenprozess, der Semiose, verwendet und gedeutet wird. So kommen also weitere Zeichen dazu: die Worte, die während des Übergießens des Wassers über den Täufling gesprochen werden, der Täufling selbst, der Täufer, die Familienmitglieder des Täuflings, die Gemeinde, die Liturgie, der Ort der Taufe usw.

Werden alle diese Vorgänge, also alle diese Zeichen semiotisch analysiert, können die Kenntnisse aus den anderen Bezugswissenschaften in diesem Verstehensprozess mit einbezogen werden. Die Semiose ist kein statisches Modell, sondern ein Prozess, ein Vorgang, der die verschiedenen Relationen zu einem stimmigen Gesamtbild verbindet. Das traditionelle ontologische Verstehensmodell ist dagegen statisch, d. h. zweistellig: die Taufe bedeutet ewiges Heil. Hier wird der Prozess nicht mitgedacht und je nach Philosophie alles aus einem Prinzip abgeleitet. Auch werden bei der Semiose die handelnden, also kommunizierenden Personen immer mitgedacht. Das gilt beim Gottesdienst für die Predigt wie für das Ritual. So kann das herkömmliche und einengende Subjekt-Objekt-Denken überwunden werden. Das lässt sich an der Kommunikationswissenschaft demonstrieren: Sie untersucht vorrangig, wie ein Subjekt als Sender eine Information an einen Empfänger sendet. Diese Einlinigkeit gilt auch für die Kommunikationswissenschaft als überholt, wenngleich sie immer noch das Alltagsbewusstsein bestimmt. Heute wird Kommunikation als ein Zusammenspiel aus Mitteilung, Information und Verstehen angesehen. Damit wird auch für die Kommunikationswissenschaft die Semiotik relevant. Denn mithilfe der Semiotik wird gezeigt, dass dieser Kommunikationsprozess nicht nur aus interagierendem Sender, Information und Empfänger besteht, sondern dass noch viel mehr Ebenen ins Spiel kommen, wenn Personen miteinander kommunizieren.

Daher ist »Sprache« immer auch mehr als das, was »gesprochen« wird. Sprache steht semiotisch für eine umfassende Handlung, die etwas für andere in einem bestimmten Modus mitteilt. Darum werden Wortsprachen, Körpersprachen, Klangsprachen, Objektsprachen und Sozialsprachen unterschieden. Im Beispiel: Der Liturg (Sozialsprache: Amtsinhaber, Pfarrer) steht (Körpersprache) am Altar (Objektsprache) und singt (Klangsprache) das Gloria in excelsis (Wortsprache). Hier wird mithilfe der Semiotik der Kommunikationsakt in seinen vielen Bedeutungsfacetten sehr differenziert beschrieben, so dass jede »Sprache« ein Codeparadigma ist (Neijenhuis

2007, 137–145): Die Körpersprache funktioniert nur mit vielen Codes, z. B. ob der Liturg steht, ob er vor oder hinter dem Altar steht, welche liturgische Kleidung er trägt, welche Gesten er einsetzt, wie er geht und wohin, ob er zum Segen seine Hände hebt oder bei einer Trauung die Hände zum Segen auflegt etc. Anhand allein eines Codeparadigmas wird schnell deutlich, wie weit dieses Verständnis über ein schlichtes Sender-Empfänger-Modell hinausgeht. »Es gibt sachlich keinen Weg hinter die Zeichen zurück. Es gibt kein erstes Prinzip, aus dem sich alles ableiten ließe. Damit steht der semiotische Ansatz (ähnlich wie der phänomenologische und der ästhetische) für das Bemühen der neueren Praktischen Theologie, den Gegensatz zwischen der Orientierung an der theologischen ›Sache‹ (so die dialektisch-theologisch bestimmte Praktische Theologie) und der Orientierung an den Personen (so etwa der pastoralpsychologische Ansatz) zu überwinden zugunsten der Betrachtung von Personen, die der Sache des Evangeliums in Zeichen gewiss werden.« (Meyer-Blanck 2011, 22).

Daher ist es naheliegend, dass nicht nur für die Liturgik ein Schwerpunkt auf die Rezeptionsästhetik gelegt wurde. Fragt man, wie der Rezipient (Empfänger) die Mitteilung aufnimmt und wie er gegebenenfalls die aufnehmende Mitteilung selbst versteht oder auch verändert, ergänzt, dann ist damit gesagt, dass es nicht allein am Zeichenexpedienten (Zeichensender) liegt, ob eine Mitteilung möglichst »richtig« beim Zeichenrezipienten (Zeichenempfänger) ankommt, sondern die Kommunikationsumgebung und -umstände werden immer mitgedacht.

So ist der Predigtvorgang als Objekt bzw. als Referent die Kommunikation des Evangeliums. Diese Kommunikation wird durch den Zeichenexpedienten, der die Predigt hält, und den Zeichenrezipienten, der die Predigt hört, vollführt. In diesem Sinne wird die »Predigt« also nicht als ein Vortrag verstanden, den ein Pfarrer von der Kanzel her hält, sondern »Predigt« ist ein Vorgang, der die Hörer und ihre Rezeptionsoptionen (→ 3.2 Milieustudien. S. 89) mit bedenkt, da alle Umstände am Zeichenprozess »Kommunikation des Evangeliums« teilhaben.

Engemann hat in seiner semiotischen Homiletik für die Produktivität der Hörer den Begriff *Auredit* geprägt. Ist das Predigtmanuskript der Text, der mit der Hand geschrieben ist, so ist Auredit der Text, der sich als aktuell Gehörtes im Hörer abbildet. Es handelt sich gleichsam um zwei Texte: Wenn von Auredit »die Rede ist, geht es immer um jenen faktischen Text, den der Hörer gewissermaßen als ›Simultan-Interpretation‹ beim Vernehmen der Kanzelrede bildet.« (Engemann 1993, 92 Anm. 123) In diesem Sinne ist die Predigt eine ambiguitäre Angelegenheit, da sie die Interpretation des

Manuskripts durch den Rezipienten als Auredit nicht unterbinden will (und auch gar nicht kann), sondern voraussetzt und gegebenenfalls sogar herausfordert. Die Rezeptionsästhetik fragt aus diesem Grund danach, unter welchen Umständen z. B. ein Text, der gehört oder gelesen wird, beim Hörer ankommt. Der Hörer nutzt im positiven Fall für sein Verstehen die schon im Text angelegten Interpretationsmöglichkeiten, im negativen Fall stülpt er dem gehörten Text irgendeine willkürliche Interpretation über. An der Liturgiefeier kann semiotisch noch viel deutlicher gezeigt werden, dass alle Feiernden die eine Liturgie gemeinsam mit unterschiedlichen Rollen begehen: Wenn der Liturg singt: »Der Herr sei mit euch« und die Gemeinde antwortet: »Und mit deinem Geist«, ist ein Kommunikationsakt vollzogen, der semiotisch aussagt, dass sich Liturg und Gemeinde gegenseitig die Gegenwart Gottes anwünschen. In diesem Responsorium sind Sozial-, Körper-, Objekt-, Klang und Wortsprache durch einen gemeinsam geteilten Code miteinander verbunden (Neijenhuis 2007).

Nicht nur in der Liturgik und der Homiletik, sondern auch in weiteren Teildisziplinen der Praktischen Theologie wurden an der Semiotik orientierte Untersuchungen publiziert. So hat z. B. Thomas Klie (2003) sie zusammen mit der Spieltheorie auf die Pastoraltheologie angewandt; Michael Meyer-Blanck (1995/2002, 1998, 2018) verwendet sie für die Religionspädagogik. Lydia Kossatz (2017) verbindet die Semiotik für die Seelsorge mit der Systemtheorie und beschreibt eine ästhetische Poimentik in systemtheoretischer und semiotischer Perspektive.

4.2.2 Rezeptionsästhetik

Beim Feiern einer Liturgie oder beim Predigthören kommt es zu einer ästhetischen Erfahrung und Interpretation des in der Feier Wahrgenommenen. So kann das Äußere des Wortes Gottes als ästhetische Erfahrung gedeutet werden (Deeg 2012). Im Bereich der Liturgik ist man allerdings mit einem umgangssprachlichen Verständnis von Ästhetik allzu schnell beim Schönen einer Zeremonie angekommen. Denn durch das Ritual wird ja eine Handlung wahrgenommen, die in einem Raum, in einer bestimmten Zeit aus Sprechen, Hören, Gesten, Gewändern etc. besteht. Das bedeutet Rezeptionsästhetik (vom lat. recipere: empfangen, aufnehmen; vom griech. αἴσθησις – aísthesis: Sinneswahrnehmung) auf die Liturgie bezogen. (Klie 2010). Andere Theoriezugriffe haben sich von der Zeichenproduktion auf die Zeichenrezeption verlagert, weil nun die Wahrnehmung von Zeichen im Fokus des Interesses steht. Für die Liturgiewissenschaft ist deshalb nicht nur interessant, wie Rezeptionsvorgänge durch Befragungen empirisch sichtbar gemacht werden können, sondern auch eine historische Biographieforschung ist von Interesse, weil mit ihrer Hilfe erkannt werden kann, wie Menschen in früherer Zeit die Liturgiefeier erlebt, also wahrgenommen und damit verstanden, reflektiert und gewichtet haben (Lurz 2003).

4.2.3 Ritualwissenschaft

Eine weitere Bezugswissenschaft für die Liturgik ist die Ritualwissenschaft allein schon deshalb, weil die Kommunikation des Evangeliums, auf den Gottesdienst bezogen, immer auch eine rituelle Kommunikation ist. Nach Jahren der Ritualkritik durch die 1968er-Generation, aber auch durch die Dialektische Theologie bzw. durch die schon aus der Reformationszeit stammende Ritualkritik innerhalb der evangelischen Theologie hat das 1978 erschienene Buch von Werner Jetter *Symbol und Ritual. Anthropologische Elemente im Gottesdienst* ein neues Interesse an Ritualen hervorgerufen. Auch andere Wissenschaftsdisziplinen haben sich mit der Ritualforschung befasst, so die Soziologie, Politologie, Medien- und Kommunikationswissenschaft, Rechtswissenschaft, Literatur- und Kulturwissenschaft, Kunsttheorie und Dramaturgie (Belliger/Krieger 2006, 7).

Das Paradigma für die Ritualforschung hat sich nach den 1960er Jahren verändert: In der früheren Forschung ging man davon aus, dass Rituale eigentlich etwas Sekundäres seien, die etwas von außen an sie Herangetragenes zum Ausdruck bringen. Auf die Religion bezogen vollziehen Rituale bestimmte Glaubensanliegen, wie z. B. die Taufe das Christwerden vollzieht. Auf die Klassiker der Ritualforschung bezogen: »Für Durkheim war es das Bedürfnis soziale Solidarität zu schaffen, für Freud das Bedürfnis traumatische Ereignisse zu verdrängen, für Malinowski wiederum das Bedürfnis die natürliche Umwelt zu beeinflussen.« (Belliger/Krieger 2006, 7f). Das gilt heute so allgemein nicht mehr: »Das Ritual wird heute vielmehr als ein Phänomen sui generis betrachtet, das eigene theoretische Klärung und methodologische Zugänge verlangt.« (Belliger/Krieger 2006, 7). Der Heidelberger Sonderforschungsbereich *Ritualdynamik*, der von 2002 bis 2013 in zahlreichen Projekten Rituale und ihre Veränderung und Dynamik kulturwissenschaftlich erforschte, hat es so formuliert: »Rituale repräsentieren – so lautet einer der Ausgangshypothesen – einen Handlungstyp sui generis.« (www.ritualdynamik.de/Forschung, Zugriff: 4.10.2019). Zugrunde gelegt wurde die anthropologische Hypothese, »dass sich rituelles Handeln als ein eigenständiger Typus von anderen Handlungstypen unterscheidet und dementsprechend allen kulturellen Unterschieden ein Gemeinsames zugrunde liegen muss.« (www.ritualdynamik.de/Forschung/Ziele). Ritualforschung geschieht heute multiperspektivisch und multidisziplinär (Dücker 2007, 177–219), so dass sich hierfür der Begriff *Ritual Studies* entwickelt hat.

Für die Praktische Theologie und damit auch für die evangelische Liturgik findet sich dazu wenig (Bieritz 2003), die katholischen Liturgiewissenschaftler dagegen haben sich vermehrt um die Ritualforschung bemüht (Kranemann 2009, 9–31). Der römisch-katholische Liturgiewissenschaftler Andreas Odenthal hat sich eingehend mit dem Ritual in liturgiewissenschaftlicher Perspektive befasst und versteht Liturgie konzeptionell als Ritual, wie der Titel seines Buches anzeigt (Odenthal 2002). Odenthal hat sich zudem mit der Psychoanalyse befasst, hat Erkenntnisse der Psychoanalyse und Theologie miteinander verbunden und beschreibt aus dieser Perspektive das liturgische Ritual: Es lebt aus der Tradition und aus der Gegenwart. Das Ritual trägt die Glaubens- und Gotteserfahrung von Jahrhunderten in sich, es ist sozusagen geronnene Erfahrung. Wenn aber nun Menschen heute Liturgie als vorgegebenes Ritual feiern, bringen sie immer ihre eigenen Glaubens- und Lebenserfahrungen mit in die Feier des Rituals hinein und verbinden ihre Erfahrungen mit jenem Schatz an im vorgegebenen Ritual geronnenen Erfahrungen.

Insofern spricht Odenthal von einem Symbolgeschehen: »Im Symbol fließen demnach eigene Lebenserfahrungen und die ›geronnenen Erfahrungen‹ des Glaubens in eins. Die so gespeicherten Erfahrungen der Menschen mit Gott können im Ritual wieder verflüssigt werden: Menschen können je neu ihre Lebenserfahrungen mit den Symbolen des Glaubens verbinden.« (Odenthal 2002, 172). Insofern ist das Ritual eine Sache sui generis: »Eine von diesem Symbolbegriff herrührende Ritualtheorie wird das Ritual nicht mehr nur als etwas Äußerliches werten können. Ihm kommt, in Verbindung mit den menschlichen Bedürfnissen nach Sicherheit und Aufbruch, immer schon ein Inhalt zu.« (Odenthal 2002, 173). Symbol versteht Odenthal als »zusammenfügen«, hergeleitet von griechischen συμβάλλειν *(sym-ballein)*, so dass die Tradition und die Gegenwart, die geronnene Erfahrung und die aktuale Erfahrung der Feiernden zusammengefügt werden durch das Ritual. (Der herkömmliche Symbolbegriff beschreibt eher eine Abbildfunktion: Das Kreuz auf dem Altar bildet das Kreuzesgeschehen Jesu ab.) Die Zusammenfügung von subjektiver Erfahrung und objektiver Vorgabe durch die Tradition im Ritual »*schafft* nicht nur etwas Neues (...). Sie *ist* bereits etwas Neues, indem sie selbst eine dritte Größe, einen eigenen ›Raum‹ darstellt.« (Odenthal 2019, 23). Dieser dritte Raum neben dem einen Raum des erkennenden Subjekts und dem anderen Raum des zu erkennenden Objekts ist ein eigener Wirklichkeitsbereich, ein intermediärer Raum der Kreativität und Zweckfreiheit.

Solch ein Ritualverständnis hat erhebliche Auswirkungen auf die Verhältnisbestimmung von Lebens- und Glaubenserfahrung. Herkömmlich wird meist angenommen, dass der Glaube das Leben deutet. Ein symbolisches Ritualverständnis impliziert, dass auch Lebenserfahrungen den Glauben deuten: »Es geht um ein Deutungsmuster, bei dem einmal nicht der Glaube das Leben ausdeutet, sondern umgekehrt die Lebenserfahrungen zur Deutefolie des spezifisch Christlichen werden können.« (Odenthal 2019, 36). Odenthal verwendet ein zweistelliges Symbolverständnis; semiotisch gewendet würden die Umstände der Erfahrung, mit der ein Feiernder in ein Ritual eintritt, stärker gewichtet, was den von Odenthal postulierten dritten Raum als den Raum hervorhebt, in dem es um das geht, worum es dem Ritual zu tun ist.

Dass es die *eine* Definition von Ritual und Ritus nicht gibt, liegt auch daran, dass sich die Forschungsergebnisse im Lauf der letzten hundert Jahren erheblich verändert haben: »Gegenüber den in gängigen Definitionsversuchen immer wieder betonten Merkmalen des Regelhaften, Stereotypen, Traditionellen, Sequenziellen, Formalen, Invariablen (...) treten in der jüngeren Debatte die Elemente des Kreativen, Ästhetischen, Performativen etc. in den Vordergrund.« (Stausberg 2004, 548). Auf die Religion bezogen stellt Sundermeier fest, dass Riten die Architektur der Religion seien (Sundermeier 1998, 261). So können Rituale Wiederholungen (»Wieder-Holungen«) sein, wenn mittels einer Liturgiefeier eine Ursprungssituation, wie z. B die Einsetzung des Abendmahls, vergegenwärtigt wird. »Maßgeblich ist die rituelle Handlungsstruktur, die auf Wieder-Holung durch Wiederholung zielt.« (Bieritz 2003, 121) Als Wieder-Holung wird Jesu Gegenwart in Brot und Wein verstanden, die sich aufgrund der Wiederholung der Einsetzungsworte über Brot und Wein ereignet.

Ein Ritual kann aber auch die Wirklichkeit einer Person oder einer Gruppe von Personen auf Zukunft hin verändern. Der Ritenforscher Arnold van Gennep hat Übergangsriten (rites de passage) untersucht und gezeigt, dass ihnen ein Dreischritt zugrunde liegt. Am Beispiel eines Jugendlichen, der in die Männerwelt aufgenommen werden soll, beschreibt er, wie der Initiand von seinen Altersgenossen separiert wird (Trennungsphase). Dann folgt die Schwellen- oder Umwandlungsphase (Liminalitätsphase), in der er sich als Mann beweisen muss. Es schließt sich die Angliederungsphase an, in der er wieder in sein Dorf gebracht wird, aber nun in die soziale Gruppe der Männer und nicht mehr in die der Kinder bzw. Jugendlichen eingegliedert wird. (van Gennep 1909/2005, 78f).

Nun hat van Gennep Rituale beschrieben, die in tribalistischen Verhältnissen anzutreffen sind. Ein Stamm versteht sich als eine Ethnie in einer einheitlichen Kultur mit einer Religion und einer Sprache. Diese starke Gemeinschaft wird durch Rituale immer wieder neu gestärkt, und wenn nötig können Rituale Übergänge von einem Status in einen anderen ermöglichen. Das findet sich in der heutigen, modernen und sich immer weiter individualisierenden Gesellschaften wohl kaum noch (Wagner-Rau/Handke 2019). Stattdessen entwickeln sich einige klassische Kasualien zu »rites de confirmation«, indem z. B. der Eheentschluss durch den Traugottesdienst bestärkt wird: Jeder Partner hat das Elternhaus wegen der Berufsausbildung oder des Studiums verlassen (oder übt schon längst einen Beruf aus), sie leben als Paar schon seit längerer Zeit zusammen und haben womöglich auch schon ein oder mehrere Kinder. Der Übergang vom Elternhaus zum Familienhaus, vom Single zum verheirateten Menschen und gegebenenfalls zur Familie wurde bereits bewerkstelligt, ohne ein Ritual in Anspruch nehmen zu müssen. Das wäre in einer tribalistischen Gesellschaft undenkbar, weil hier die Gemeinschaft mitentscheidet. Dies ist aber in der auf individuelle Entscheidungsfreiheit Wert legenden modernen Gesellschaft nicht nötig. Dagegen lässt sich der Einschulungsgottesdienst als Übergangsritual beschreiben, da die Kinder einen Übergang von der Kindertagesstätte zur Grundschule erleben: In der Kindertagesstätte werden sie mit einer Feier verabschiedet (Trennungsphase), in die Grundschule durch eine Feier aufgenommen (Umwandlungsphase) und in eine Klasse eingegliedert (Angliederungsphase).

Das heißt aber nun nicht, dass es kaum noch Rituale gäbe, allenfalls haben sich Übergangsrituale transformiert in Bestärkungsrituale. Es lassen sich auch in vielen Lebensbereichen Gemeinschaftsrituale feststellen – von Fußballritualen bis zu Familienritualen. Auch der normale Sonntagsvormittagsgottesdienst ist in dieser Hinsicht ein Gemeinschafts- und Bestärkungsritual – wie es in der lutherischen Tradition heißt: dass durch ihn bzw. das Wort Gottes der Glaube gestärkt werden soll.

Trotz all dieser Entwicklungen und Veränderungen der Rituale und der damit einhergehenden Ritualverständnisse bleibt das Ritual in der evangelischen Tradition gleichwohl umstritten: Während Jetter 1978 in seinem wegweisenden Buch formulierte, dass das Ritual eine eigene Wirkmächtigkeit aus sich heraussetze, und der Heidelberger Sonderforschungsbereich *Ritualdynamik* formulierte, dass das Ritual ein Handlungstyp sui generis sei und als Gemeinsames allen Handlungstypen in allen Kulturen zugrunde liege, so macht Meyer-Blanck geltend, dass sich evangelische Christen nicht »dem Ritual gänzlich ausliefern« können. »Evangelische Christen verbleiben in einer durch Reflexion gebrochenen Ritualpartizipation.« (Meyer-Blanck 2001, 34). »Seit der Reformation gehört zum evangelischen Verständnis immer auch Kritik am Ritual vom biblischen Evangelium her.« (Meyer-Blanck 2011, 519). Klie schlägt sogar vor, den Begriff Ritual durch Ritus zu ersetzen, da die Zeichenexpedienten durch vereinbarte Zeichen Deutungen erzeugen: »Protestanten lassen sich in ihrer liturgisch-gestischen Bebilderung biblischer Wortlaute nicht an stammeskulturellen Üblichkeiten messen. Ihre repetitiven Gottesspiele sind variabel, konventionell, wortrelativ, verweisend, heilsunnötig und inklusiv.« (Klie 2009, 105).

Der Bereich Ritual ist also im Fluss und in der Diskussion. Er ist auch in seiner Erforschung noch lange nicht abschließend geklärt oder gar unumstritten. Die Diskussionen und Klärungen nicht nur in der Wissenschaft, sondern auch in der kirchlichen Praxis werden weitergehen (Graupner 2019).

4.2.4 Theaterwissenschaft, Inszenierung, Performance

Der Ritualforscher Victor Turner hat mit seinem Buchtitel *Vom Ritual zum Theater* die Nachbarschaft der beiden Bereiche Ritual und Theater beschrieben und theoretisch gefasst. Denn die Agierenden während einer Liturgiefeier oder während einer Predigt sind durch ihr Agieren in ein soziales Interaktionsmuster eingetreten, das als kulturelles Phänomen auch den Theaterbegriff prägt: »Wo jemand sich, einen anderen oder etwas zu Schau stellte oder darstellte oder die Darstellung selbst zur Schau stellte, sich oder anderes bewusst den Blicken anderer aussetzte, wurde von ›Theater‹ gesprochen.« (Fischer-Lichte 2001, 276). Das trifft sicherlich für jeden Liturgen zu, so dass auch Schauspieltheorien als angemessene Beschreibung für die liturgischen Akteure herangezogen werden können und Friedrich von *Liturgischen Körpern* spricht (Friedrich 2001). Selbstverständlich ist eine Gottesdienstfeier keine Theateraufführung, wie Roth (Roth 2006, 289 und 293) ausdrücklich festhält, da die Träger der Veranstaltung Gottesdienst oder Theater, die Ausführenden und die Inhalte ganz verschieden sind.

Trotzdem verbindet sich mit dem Vergleich von Theater und Liturgie rasch das ablehnende Urteil, dass ja auf dem Theater nur ästhetische Fiktionen dargestellt werden. Dafür wird gerne der Begriff der »Inszenierung« verwendet.

Doch darum geht es dem Theater nicht und schon gar nicht der Gottesdienstfeier (Meyer-Blanck 1997; Plüss 2007, 86–110). Vielmehr wird in einer Gottesdienstfeier etwas in Szene gesetzt, das aus dem Glauben kommt. Daran beteiligen sich alle, die bei einer Liturgiefeier anwesend sind, wenn auch in unterschiedlichen Rollen: Die Liturgin hat andere Aufgaben als der Organist oder die Gemeinde. Allenfalls kann man fragen, ob denn ein Gottesdienst ein Publikum habe, wie es im Theater der Fall ist. Oder umgekehrt: Ob denn das Theater ohne Publikum auskommen könnte, das dabei als zusehend und zuhörend qualifiziert und als eher passiv aufgefasst wird. Beides muss wohl verneint werden. Dafür stehen viele moderne Theaterexperimente, die das Publikum aktiv an der Theateraufführung beteiligen – und auch an der Liturgieentwicklung der zweiten Hälfte des 20. Jahrhunderts ist zu erkennen, dass »die Gemeinde« bewusst an der Liturgie partizipiert. Und die Rezeptionsästhetik hat überzeugend dargelegt, dass selbst »nur« ein Zuhören bei einer Predigt kein passiver Vorgang ist und dass ebenso kein Theater Bestand hat, das nicht ein Publikum hat, welches das Theaterstück anschaut, zuhört, innerlich und manchmal auch äußerlich sichtbar mitgeht, sich mitfreut oder mitleidet und am Ende des Stücks seine Begeisterung im Applaus auszudrücken weiß. Freilich: Wahrscheinlich verstehen sich auch im Gottesdienst manche Anwesende eher als Zuschauer denn als Akteure, denn auch hier sitzen sie im Publikum, während auf der Bühne bzw. im Altarraum und auf der Kanzel das »Stück« inszeniert wird.

»Wie die Theateraufführung, so ist auch der Gottesdienst ein gemeinsam und gleichzeitig hervorgebrachtes Ereignis, das grundsätzlich transitorisch ist, also im Vollzug seiner selbst besteht, ohne etwas anderes als die Erfahrung aller Beteiligten zu hinterlassen. Wie die Theateraufführung, so ist auch der Gottesdienst eine ›transformative Performanz‹, insofern auch er sein Ziel darin hat, allen Anwesenden einen Erfahrungsraum zu erschließen, in dem – mindestens für die Dauer des Geschehens selbst – Wirklichkeit anders zur Ansicht kommen und sich das Welt- und Selbstverhältnis der Einzelnen neu justieren kann.« (Roth 2006, 293). Oder wie Bieritz es ausdrückt und damit etwas Grundlegendes zum Liturgieverständnis zum Ausdruck bringt: »Nicht das Vertraute, Gewohnte, längst Erfahrene gelangt zur Aufführung, sondern das noch Unerfahrene, in gewisser Hinsicht Unerfahrbare wird in Szene gesetzt.« (Bieritz 1998, 72).

In diesem Zusammenhang ist auch der Begriff Performance oder Performanz ins Spiel der Praktischen Theologie und der Liturgie gekommen. (Plüss 2007, 86–110). Im Bereich der Kunst ist eine Performance eine Darbietung, bei der nicht mehr zwischen dem Werk und dem Künstler oder den Künstlern unterschieden wird. Der Körper ist dabei selbst Kunstwerk, wie es etwa die Künstlerin Marina Abramović oftmals gezeigt hat; es geht nicht um darstellende Kunst oder bildende Kunst, sondern Kunst wird zu einem Ereignis. Auch die Beziehung zum Publikum bzw. zu den Zuschauern ist anders, da diese zum Kunstwerk von vornherein dazugehören, ja gleich mitgedacht werden. Deshalb setzen manche Performances keinen Ablauf voraus, sondern experimentieren mit offenen und nicht vorherbestimmten Situationen. Dies ist bei vielen Lobpreis-Gottesdiensten ganz ähnlich. Denn der Performer/Liturg weiß ja nicht im Voraus, wie die am Kunstwerk/Gottesdienst beteiligten Menschen reagieren werden. Bezogen auf den Gottesdienst kann man es so formulieren: Kein Teilnehmer ist nur distanzierter Zuschauer, der selbst mit dem Werk und seine Aufführung erst einmal nichts zu tun hat, sich diese Aufführung »nur« anschaut. (Und selbst, wenn er sie »nur« anschaut, ist er aktiv involviert.) Vielmehr kann und soll der Gottesdienst von allen Anwesenden unter »vollem Körpereinsatz« mitgefeiert und mitgestaltet werden. (Schirr 2018).

4.3 Bezüge zu anderen Disziplinen der Praktischen Theologie

4.3.1 Liturgik und Homiletik

Die beiden Disziplinen Liturgik und Homiletik haben mittlerweile so erhebliche Wissensbestände angehäuft, dass es allein schon deshalb geboten scheint, den darzustellenden Inhalt in je eigenen Lehrbüchern zu vermitteln. Zudem haben sich die Forschungsgänge und Verständnisansätze beider Disziplinen recht unterschiedlich entwickelt. »Dennoch handelt es sich für die Praktiker im Pfarramt und für die Gemeinde um ein und dieselbe Veranstaltung ›Gottesdienst‹. Und auch systematisch gelten Predigt und Liturgie nur zusammen als Gestalt des Evangeliums (bzw. des Wortes Gottes).« (Meyer-Blanck 2011, 2). So lassen sich grundlegende Gemeinsamkeiten herausarbeiten, wie es oben im Zusammenhang der Bezugswissenschaften Kommunikation und Semiotik bereits dargelegt wurde (→ 4.2.1,

S. 103). Der grundlegende Unterschied ist aber, dass Liturgie eine rituelle und Predigt eine rhetorische Handlung ist.

Während der Gottesdienstfeier können Liturgie und Predigt zur gegenseitigen Herausforderung werden. Das zeigt sich z. B. auch darin, wenn evangelisch die Predigt für wichtiger als die Liturgie angesehen wird, oder wenn die Liturgie lediglich als eine Rahmenhandlung für die Predigt verstanden wird, oder wenn z. B. in katholischer Perspektive die Predigt lediglich als Teil der Vormesse zur eigentlichen Eucharistiefeier verstanden wird. Meyer-Blanck hat deshalb eine Gottesdienstlehre erarbeitet, die Liturgik und Homiletik gemeinsam behandelt: »Die Predigt ist ein Teil der Liturgie und zwar derjenige Teil, der ihre Regeln gerade durch die Ausnahme von den Regeln bekräftigt. Diese spannungsvolle Beziehung von Rituellem und Rhetorischem ist eine ständige Herausforderung für die gottesdienstliche Praxis und damit auch für deren theoretische Reflexion.« (Meyer-Blanck 2011, 2). Darum gibt es einen sachlichen und nicht etwa einen arbeitsökonomischen Grund, eine Gottesdienstlehre zu formulieren: »Es geht vielmehr um eine Gottesdienstlehre mit liturgischen und homiletischen Gesichtspunkten, die in verschiedenen Perspektiven soweit wie möglich miteinander verschränkt zu behandeln sind.« (Meyer-Blanck 2011, 3).

4.3.2 Liturgik und Pastoraltheologie

Die in 5.2.1 erläuterte Wahrnehmung des Gottesdienstes als Einheit von Liturgie und Predigt setzt sich darin fort, dass aus der Sicht der Gemeinde der Gottesdienst vom Pfarrer bzw. von der Pfarrerin geleitet wird – dabei wird nicht zwischen Liturg und Prediger bzw. Liturgin und Predigerin unterschieden. Die Pfarrperson wird noch am ehesten selbst erfahren, wie unterschiedlich beide Tätigkeitsbereiche sind, die für die Leitung eines Gottesdienstes grundlegend sind.

Zur Leitung des Gottesdienstes wird man befähigt durch eine wissenschaftlich-theologische und religionspraktische Ausbildung, in der die eigenen Praxisvollzüge mithilfe des erworbenen Wissens reflektiert und für das eigene Verständnis dieses Handlungsfeldes weiterentwickelt werden können. Daher ist es naheliegend, dass die Pastoraltheologie nicht nur die Pfarrperson, sondern auch das Pfarramt reflektiert. Denn die meisten, die zum Pfarrer bzw. zur Pfarrerin ordiniert werden, erhalten ein Pfarramt übertragen, mit dem sie ihr Amt in ihrer Gemeinde ausüben können. So heißt es im Pfarrdienstgesetz der EKD, das seit 2010 für alle Gliedkirchen der EKD gleichermaßen gilt, in § 3, Abs. 1 und 2: »(1) Das mit der Ordination anvertraute Amt der öffentlichen Wortverkündigung und Sakramentsverwaltung (Amt) ist auf Lebenszeit angelegt. (2) Die Ordinierten sind durch die Ordination verpflichtet, das anvertraute Amt im Gehorsam gegen den dreieinigen Gott in Treue zu führen, das Evangelium von Jesus Christus, wie es in der Heiligen Schrift gegeben und im Bekenntnis ihrer Kirche bezeugt ist, rein zu lehren, die Sakramente ihrer Einsetzung gemäß zu verwalten, ihren Dienst nach den Ordnungen ihrer Kirche auszuüben, das Beichtgeheimnis und die seelsorgliche Schweigepflicht zu wahren und sich in ihrer Amts- und Lebensführung so zu verhalten, dass die glaubwürdige Ausübung des Amtes nicht beeinträchtigt wird.« In § 24 Abs. 1 wird die Amtsführung präzisiert: »Pfarrerinnen und Pfarrer haben den Auftrag und das Recht, das Wort Gottes öffentlich zu verkündigen und die Sakramente zu verwalten. Sie sind berechtigt und verpflichtet zur Leitung des Gottesdienstes, zur Vornahme von Amtshandlungen, zur christlichen Unterweisung und zur Seelsorge.« Auch hier zeigt sich, dass zwischen Liturg und Prediger nicht unterschieden wird.

Vielmehr wird in der Pastoraltheologie reflektiert, was dann auch für die Liturgik bzw. für die Liturgen bedeutsam ist, nämlich dass sie ihr Amt im Sinne eines Priestertums aller Glaubenden ausüben und dass dieses Amt ein öffentliches Amt ist. Es geht also auch hier um die öffentliche Kommunikation des Evangeliums, die eine Berufsprofessionalität (Karle 2008) voraussetzt. Diese wird vorrangig funktional bestimmt, was die Frage aufwirft, inwieweit die Person des Pfarrers bzw. der Pfarrerin bis hin zu ihrer Geschlechtlichkeit (Gender) für die Ausübung des Amtes von Bedeutung ist. (Wagner-Rau 2017, 118f). In den gegenwärtigen Überlegungen zur Fortentwicklung des Pfarramts und des Pfarrberufs im Zuge der gesellschaftlichen und kirchlichen Entwicklungen zeigt sich, dass im 18. und 19. Jahrhundert vorrangig das Amt die Pfarrperson trug (Pohl-Patalong 2007) und seit dem 20. Jahrhundert zunehmend die Person das Amt zu tragen hat oder, wie Grethlein formuliert, dass die Entwicklung von einer lebensförmigen Profession zu einem funktionsbezogenen Beruf fortgeschritten ist. Gleichwohl ist Pfarrersein und damit auch Liturgsein ein theologischer Beruf. (Grethlein 2009, 83).

4.3.3 Liturgik und Seelsorge

Für die praktische Seelsorge steht das Gespräch im Mittelpunkt. An ein oder mehrere seelsorgerliche Gespräche kann sich auch ein Ritual anschließen, wie z. B. ein Gebet, ein Segen, eine Beichte, eine Salbung oder ein

Abendmahl z. B. am Kranken- oder Sterbebett. Die Seelsorgetheorie (Poimenik) verortet diese Handlungen in den Bereich der *cura animarum specialis (= besondere Sorge um die Seelen),* also der situativen oder auch der gesuchten seelsorglichen Begegnung. Dabei sind einzelne oder mehrere Personen die Seelsorgesuchenden, wohingegen die *cura animarum generalis (= allgemeine Sorge um die Seelen)* auch den Gottesdienst und diesen als öffentliche Veranstaltung im Blick hat. Es geht mehr um die Stärkung und den Trost des Glaubens, die allen Menschen gelten und dabei eher unabhängig von der Situation der einzelnen Personen ihre Wirkung entfalten können und sollen. Denn Seelsorge gilt nicht nur den seelsorgebedürftigen Personen aufgrund ihrer speziellen Lebenssituation, sondern sie gilt als *cura animarum generalis* allen Menschen, auch wenn sie keine Notsituation erleben oder trostbedürftig sind. Denn unabhängig davon sind alle Menschen – im theologischen, nicht nur im moralischen Sinn – Sünder bzw. sie sind Menschen, die noch nicht in ihrer Entwicklung vollendet sind und deshalb der Heilung bedürfen, die zur Vollendung führt.

Die Lehrbücher der Seelsorge thematisieren ausgehend vom Gespräch die Rituale als *cura animarum specialis* (Morgenthaler 2012, 268–282; Klessmann 2008, 88–96.155–160), und beziehen dabei auch die Kasualien Taufe (Grethlein 2016, 514–531), Trauung (Wagner-Rau 2016, 532–551) und Bestattung (Plieth 2016, 552–570) mit ein. Seltener ist die *cura animarum generalis* im Blick, die dann den allgemeinen, sonntäglichen Gottesdienst meint (Kohler 2016, 128–134). Da eine weitere Bezugswissenschaft der Seelsorge die Psychologie und besonders die Psychoanalyse und Psychotherapie ist, kann der Gottesdienst auch unter therapeutischen Aspekten betrachtet werden. (Thilo 1985).

4.3.4 Liturgik und Religionspädagogik

Die Liturgie eignet sich nicht dazu, pädagogische Ziele zu erreichen – dafür stehen bessere Mittel wie z. B. der Unterricht oder das reflektierende Gespräch zur Verfügung. Trotzdem wird immer wieder darüber geklagt, dass insbesondere der evangelische Gottesdienst pädagogisiert und auch homiletisiert sei. Das mag an der herkömmlichen Auffassung von Predigt liegen, dass sie das Wort Gottes zu verkündigen habe und dass die Hörenden es verstehen sollen. Dieses Ziel wird auch auf den gesamten Gottesdienst übertragen, und dann steht das Verstehen im Vordergrund aller liturgischen Handlungen. Diese Beobachtung kann an Entwürfen für Schulgottesdienste gut erkannt und nachvollzogen werden: Meist erarbeiten Pädagogen mit ihren Schülern einen Schulgottesdienst, und so liegt das pädagogische Vorgehen gleichsam in der Luft und lässt sich im Raum Schule kaum ausschließen, zumal oftmals Themengottesdienste gefeiert werden, deren Inhalte dann »rübergebracht« werden sollen.

Gleichwohl lässt sich für alle Gottesdienste nicht bestreiten, dass auch bei der Liturgiefeier gelernt wird, selbst dann, wenn es gar nicht beabsichtigt ist. Erfahrungen machen und Lernen lässt sich für keinen Lebensbereich gänzlich ausschließen und stellt sich unter Umständen unwillkürlich ein. (Trautwein 1972).

In den Bereich der Pädagogik gehört vielmehr die Liturgiedidaktik – also die Ausbildungskonzepte und Ausbildungsmöglichkeiten –, die sowohl während des Universitätsstudiums, in der praktisch-theologischen Ausbildung im Vikariat und dann im Pfarramt als Fort- und Weiterbildung geleistet wird. (Neijenhuis 2001).

Die Liturgik nimmt Bezug auf Themen und Methoden, die in den anderen Teildisziplinen der Praktischen Theologie in den letzten Jahrzehnten ebenso an Bedeutung gewonnen haben: Kommunikation, Semiotik, Rezeptionsästhetik, Ritual, Theater, Inszenierung, Performance. Zu den anderen Teildisziplinen gibt es für die Liturgik eine Reihe von Überschneidungen: zur Homiletik über die Selbstverständlichkeit von Predigt im Gottesdienst und ihr Textverständnis, zur Pastoraltheologie, weil der Liturg oftmals auch Pfarrer/Pfarrerin, Pfarramtsinhaber sein kann, zur Seelsorge, weil auch Liturgien seelsorgerlich wirken, und zur Religionspädagogik, weil Liturgen eine theoretische und praktische Ausbildung erhalten.

5. Literaturverzeichnis

5.1 Quellen und Übersetzungen

5.1.1 Alte Kirche

AMBROSIUS VON MAILAND (1990), De Sacramentis. De Mysteriis/Über die Sakramente. Über die Mysterien (FC 3), lat./dt. v. Josef Schmitz, Freiburg i. Br.

AURELIUS AUGUSTINUS (1955), De Civitate Dei, lat. (CC.SL 48, Pars XIV,2), hg. v. Bernhardus Dombart/Alphonsus Kalb, Turnholt 1955.

Deutsch: (Bibliothek der Kirchenväter, Augustinus Bd. 3), übersetzt von Alfred Schröder, Kempten 1916.

BARNABASBRIEF (2004), griech./dt., hg. v. Klaus Wengst, in: Schriften des Urchristentums 2, Darmstadt, 138–202.

CANON ROMANUS (Liturgia Romana) (1998), lat. in: Prex eucharistica (SpicFri 12), hg. v. Anton Hänggi/Irmgard Pahl, Freiburg (Schweiz), 426–447.

Deutsch in: MEYER-BLANCK, MICHAEL (2009), Liturgie und Liturgik, Göttingen, 165–176.

CANONES HIPPOLYTI (1870), Canones S. Hippolyti. Arabice e codicibus Romanis cum versione Latina, hg. v. Daniel Bonifacius de Haneberg, München. (Digitalisat: www.archive.org).

Deutsch v. Hans Achelis/Johannes Flemming: Die ältesten Quellen des orientalischen Kirchenrechts, Bd. 2: Die syrische Didaskalia, Leipzig 1904, 1–145. oder deutsch von Valentin Gröne: Canones Hippolyti (Bibliothek der Kirchenväter, 1. Serie, Bd. 28), Kempten 1872.

CONSTITUTIONES APOSTOLORUM (Apostolische Konstitutionen) (1985/1986/1987), griech./frz. v. Marcel Metzger: Les Constitutions Apostoliques, in: Sources Chrétiennes, Bde. 320, 329, 336.

Deutsch: Apostolische Konstitutionen und Kanones (Constitutiones Apostolorum) (1874), dt. v. Ferdinand Boxler (Bibliothek der Kirchenväter, 1. Serie, Bd. 19), Kempten.

CYRILL VON JERUSALEM (1992), Mystagogicae Catecheses/Mystagogische Katechesen (FC 7), griech./dt. v. Georg Röwekamp, Freiburg i. Br.

(Kapitel 65–67 auch in: MEYER-BLANCK, MICHAEL (2009), Liturgie und Liturgik, Göttingen, 93–95.)

DIDACHE (Lehre der Apostel) (2000), Didache. Zwölf-Apostel-Lehre (FC 1), griech./dt. v. Georg Schöllgen, Freiburg i. Br.

Didaskalie (Lehre der zwölf Apostel) (1979), syr./engl. v. Arthur Vööbus: The Didascalia Apostolorum in Syriac, in: CSCO.S, Bde. 175, 176, 179, 180, Louvain.
Deutsch v. Hans Achelis/Johannes Flemming: Die ältesten Quellen des orientalischen Kirchenrechts (1904), Bd. 2: Die syrische Didaskalia, Leipzig , 1–145.

Egeria (2000), Itinerarium/Reisebericht (FC 20), lat./dt. v. Georg Röwekamp, Freiburg i. Br.

Epistula Apostolorum (1987), Deutsch in: Neutestamentliche Apokryphen in deutscher Übersetzung, Bd. 1, 207–233, 213f, hg. v. Wilhelm Schneemelcher, Tübingen.

Erster Klemensbrief (2004), griech./dt. v. Joseph A. Fischer, in: Schriften des Urchristentums, Bd. 1, Darmstadt, 24–107.

Eusebius von Caesarea (1967), Kirchengeschichte, hg. v. Heinrich Kraft. München.

Furius Dionysius Filocalus (2014), Das Kalenderhandbuch von 354 - Der Chronograph des Filocalus, 2 Bde, hg. v. Johannes Divjak/Wolfgang Wischmeyer, Wien (Digitalisat: www.oapen.org).

Ignatius von Antiochien (2004), Brief an die Smyrnäer, griech./dt. v. Joseph A. Fischer, in: Schriften des Urchristentums 1, Darmstadt, 204–215.

Ignatius von Antiochien (2004), Brief an die Epheser. griech./dt. v. Joseph A. Fischer, in: Schriften des Urchristentums, Bd. 1, Darmstadt 142–161.

Jakobus-Anaphora (2011), Liturgia Ibero-Graeca Sancti Iacobi. The Old Georgian Version of the Liturgy of Saint James, published by Lili Khevsuriani/Mzekala Shanidze/Michael Kavtaria/Tinatin Tserdaze. La Liturgie de Saint Jacques. Rétroversion grecque et commentaires par Stépahne Verhelst (JThF 17), Münster.

Johannes Chrysostomus (1992), Catecheses Baptismales/Taufkatechesen (FC 6/1+2), griech./dt. v. Reiner Kaczynski, Freiburg i. Br.

Johannesakten (1989), Apocryphal Acts of the Apostles. Vol. I: The Syriac Texts, London 1871, 4–65 (Nachdruck bei Olms: Hildesheim 1990, und ebenso bei Georgias Press: Piscataway (NJ) 2005), Vol. II: The English Translation, 3–60 (ebenso bei Georgias Press: Piscataway (NJ) 2005), hg. v. William Wright.
Deutsche Übersetzung von Knut Schäferdiek, in: Neutestamentliche Apokryphen in deutscher Übersetzung, Bd. 2, 155–193, hg. v. Wilhelm Schneemelcher, Tübingen.

Justin der Märtyrer (1994), Iustini Martyris Apologiae pro Christianis (PTS 38), griechischer Text ed. v. Miroslav Marcovich, Berlin/New York.
Deutsch: Frühchristliche Apologeten und Märtyrerakten (Bibliothek der Kirchenväter), dt. v. Gerhard Rauschen, hg. v. O. Bardenhewer, Kempten und München (1913), 11–101.

Les Ordines Romani du haut moyen âge II (1948), Les Textes (Ordines I–XIII) (SSL 23), hg. v. Michel Andrieu, Louvain, Ordo I S. 68–108.

Melito von Sardes (1979), Περὶ πάσχα, griech. v. Stewart George Hall: Melito von Sardis, On Pascha and Fragments, Oxford 1979.
Deutsch: Meliton von Sardes. Vom Passa. Die älteste christliche Osterpredigt (Sophia 3), dt. v. Josef Blank, Freiburg i. Br. 1963.

Origenes (1993), Περὶ πάσχα: Die Schrift des Origenes »Über das Passa« (Arbeiten zum spätantiken und koptischen Ägypten 4), griech./dt. v. B. Witte, Altenberge.
Vgl. dazu das umfassende Werk von Harald Buchinger (2005), Pascha bei Origenes (ITS 64), Innsbruck.

PREX EUCHARISTICA (SpicFri 12) (1998), hg. v. Anton Hänggi/Irmgard Pahl, Freiburg (Schweiz).

BENEDICTI REGULA (1960), lat. hg. v. Rudolf Hanslik (CSEL 75), Wien. Lat./dt hg. v. Ulrich Faust, Die Benediktsregel (2009), Stuttgart.

TERTULLIAN (2006), De baptismo/Von der Taufe. De oratione/Vom Gebet (FC 76), lat./dt. v. Dietrich Schleyer, Turnhout.

TERTULLIAN (1915), De corona (CCSL 2, Pars II), lat. hg. v. Emil Kroymann.
Deutsch: Tertullians ausgewählte Schriften ins Deutsche übersetzt II (Bibliothek der Kirchenväter), dt. v. Heinrich Kellner, hg. v. Gerhard Esser. Kempten und München (1915), 236f.

TESTAMENTUM DOMINI NOSTRI JESU CHRISTI (1899), syrisch/lat. v. Igantius Ephraem II. Rahmani, Mainz (Digitalisat: www.archive.org).
Englisch: The Testamentum Domini. A Text for Students, with Introduction, Translation and Notes (GROW Liturgical Study 19), Grant Sperry-White, Bramcote (1991).

DIE TEXTE AUS QUMRAN (1971), hebr./dt., Einführung und Anmerkungen, hg. v. Eduard Lohse, Darmstadt.

THEODOR VON MOPSUESTIA (1994), Katechetische Homilien (FC 17/1-2), dt. v. Peter Bruns, Freiburg i. Br.

THOMASAKTEN (1989), Apocryphal Acts of the Apostles. Vol. I: The Syriac Texts, London 1871, 173–333 (Nachdruck bei Olms: Hildesheim 1990, und ebenso bei Georgias Press: Piscataway (NJ) 2005), Vol. II: The English Translation, 146–298 (ebenso bei Georgias Press: Piscataway (NJ) 2005), hg. v. William Wright.
Deutsche Übersetzung von Han J. W. Drijvers, in: Neutestamentliche Apokryphen in deutscher Übersetzung, Bd. 2, 303–367, hg. v. Wilhelm Schneemelcher, Tübingen.

TRADITIO APOSTOLICA (2000), Traditio Apostolica. Apostolische Überlieferung (FC 1), lat./dt. v. Wilhelm Geerlings, Freiburg i. Br.

5.1.2 Mittelalter und Reformationszeit

AMALAR VON METZ (1967), Liber officialis. Vatikanstaat (Biblioteca Apostolica Vaticana 139).

VEIT DIETRICH (1545), Agend-Büchlein für die Pfarrherrn auff dem Land, Nürnberg.

HONORIUS AUGUSTODUNENSIS (1120), Speculum ecclesiae. Text in: Migne PL 172, Sp. 807–1108.

KURPFÄLZISCHE KIRCHENORDNUNG VON 1563, in: Die evangelischen Kirchenordnungen des 16. Jahrhunderts, hg. v. Emil Sehling, fortgeführt vom Institut für evangelisches Kirchenrecht der EKD in Göttingen, Bd. 14: Kurpfalz, Tübingen 1969, 333–408.

LUTHER, MARTIN, D. Martin Luthers Werke. Kritische Gesamtausgabe, Weimar 1883ff.

MISSALE GALLICUM VETUS (1958), hg. v. Leo Cunibert Mohlberg, Rom (Rerum ecclesiasticarum documenta 3).

MISSALE GOTHICUM (1929), Das gallikanische Sakramentar (2 Bde), hg. v. Leo Cunibert Mohlberg, Augsburg, und: MISSALE GOTHICUM (1961), hg. v. Leo Cunibert Mohlberg, Rom (Rerum ecclesiasticarum documenta 5).

Le LIBER MOZARABICUS SACRAMENTORUM (1912), hg. v. Marius Férotin, Paris (Monumenta Ecclesiae liturgica 6).

RITUALE ROMANUM (Editio princeps 1614), Reprint (2004) hg. v. Manlio Sodi/Juan Javier Flores Arcas, Vatikanstadt (Monumenta Liturgica Concilii Tridentini 5).

Das fränkische SAKRAMENTARIUM GELASIUM in alamannischer Überlieferung (1939) (LQ 1/2), hg. v. Kunibert Mohlberg, Münster.

SAKRAMENTARIUM VERONENSE (1956), hg. v. Leo Cunibert Mohlberg, Rom (Rerum ecclesiasticarum documenta 1).

JULIUS SMEND (1896), Die evangelischen Messen bis zu Luthers Deutscher Messe, Göttingen (Reprint Nieuwkoop 1967).

STOWE-MISSALE (1915), The Stowe Missal. MS. D. II. 3 in the Library of the Roayal Irish Academy, Dublin. Printed Text with Indroduction, Index of Liturgical Forms, and nine Plates of the Metal Cover and the Stowe St. John, lat./engl. v. Georg F. Warner, London.

JOHANN ULRICH SURGANT (1503), Manuale curatorum praedicandi praebens modum, Basel. (Digitalisat: https://reader.digitale-sammlungen.de)

5.1.3 Gegenwart

EVANGELISCHES GOTTESDIENSTBUCH (1999), Agende für die Evangelische Kirche der Union und für die Vereinigte Evangelisch-Lutherische Kirche Deutschlands, hg. v. der Kirchenleitung der Vereinigten Evangelisch-Lutherischen Kirche Deutschlands und im Auftrag des Rates von der Kirchenkanzlei der Evangelischen Kirche der Union, Berlin.

Ergänzungsband zum Evangelischen Gottesdienstbuch für die Evangelische Kirche der Union und für die Vereinigte Evangelisch-Lutherische Kirche Deutschlands (2002), hg. v. der Kirchenleitung der Vereinigten Evangelisch-Lutherischen Kirche Deutschlands und im Auftrag des Rates von der Kirchenkanzlei der Evangelischen Kirche der Union, Berlin (Ringbuch).

EVANGELISCHE KIRCHE IN DEUTSCHLAND (EKD), Kirche im Umbruch. Zwischen demografischem Wandel und nachlassender Kirchenverbundenheit. Mai 2019 (Broschüre). Download: www.ekd.de/projektion2060.

GEBETE. REVIDIERTE GEBETSTEXE ZU AGENDE I (1979), bearbeitet von der Lutherischen Liturgischen Konferenz (reihe gottesdienst, Bd. 8/9), Hamburg.

KIRCHENBUCH I (1969), hg. v. der Evangelisch-reformierten Landeskirche des Kantons Zürich, Zürich.

LEKTIONAR für die Evangelisch-Lutherische Kirchen und Gemeinden mit Perikopenbuch (1985/^{3}1999), hg. v. der Kirchenleitung der Vereinigten Evangelisch-Lutherischen Kirche Deutschlands, Hannover.

LEKTIONAR nach der Ordnung gottesdienstlicher Texte und Lieder (2018), hg. v. der Vereinigten Evangelisch-Lutherischen Kirche Deutschlands (VELKD) und der Union Evangelischer Kirchen in der Evangelischen Kirche in Deutschland (UEK), Bielefeld/Leipzig.

Löhe, Wilhelm (1844), Agende für christliche Gemeinden des lutherischen Bekenntnisses, Nördlingen (Wieder abgedruckt in: Löhe, Wilhelm: Gesammelte Werke, hg. im Auftrag der Gesellschaft für Innere und Äußere Mission im Sinne der lutherischen Kirche e. V. von Klaus Ganzert, Bd. 7/1, Neuendettelsau 1953, 9–487).

Missale Romanum ex decreto Sacrosancti Oecumenici Concilii Vaticani II instauratum auctoritate Pauli PP. VI promulgatum (Editio typica 1970); in verbesserter Auflage: Missale Romanum (Editio typica altera 1975); dritte Ausgabe: Ioannis Pauli PP. II cura recognitum (Editio typica tertia 2002), Rom.
Deutsche Übersetzung mit den lateinischen Texten:
Die Feier der Heiligen Messe (1975), Messbuch für die Bistümer des deutschen Sprachgebrauchs. Authentische Ausgabe für den liturgischen Gebrauch, hg. im Auftrag der Bischofskonferenzen Deutschlands, Österreichs und der Schweiz sowie der Bischöfe von Luxemburg, Bozen-Brixen und Lüttich. Teil I: Die Sonn- und Feiertage deutsch und lateinisch. Die Karwoche deutsch. Teil II: Das Messbuch deutsch für alle Tage des Jahres außer der Karwoche, Einsiedeln u. a.

Sacrosanctum Concilium (1966), Konstitution über die heilige Liturgie, lat./dt. in: Lexikon für Theologie und Kirche Bd. 12 (= Supplement 1), Freiburg im Br.

Versammelte Gemeinde (1974), Struktur und Elemente des Gottesdienstes. Zur Reform des Gottesdienstes und der Agende. Vorgelegt von der Lutherischen Liturgischen Konferenz, Hamburg; wieder abgedruckt (1979) in: Gottesdienst als Gestaltungsaufgabe (reihe gottesdienst 10), Hamburg, 9–17.

5.2 Übersetzungen/Textsammlungen

Herbst, Wolfgang (1992), Evangelischer Gottesdienst. Quellen zu seiner Geschichte, Göttingen.

Meyer-Blanck, Michael (2009), Liturgie und Liturgik, Göttingen.

Möller, Christian (2000), Kirchenlied und Gesangbuch. Quellen zu ihrer Geschichte, Tübingen/Basel.

Neijenhuis, Jörg (2009), Formula missae et communionis pro ecclesia Wittenbergensi/ Ordnung der Messfeier und Kommunion für die Wittenberger Kirche (1523), in: Martin Luther. Lateinisch-Deutsche Studienausgabe, Bd. 3, Leipzig, 650–679.

Ritter, Adolf Martin (1997), Alte Kirche, Bd. I (Kirchen- und Theologiegeschichte in Quellen), Neukirchen-Vluyn.

5.3 Lehrbücher

Albrecht, christoph (1995), Einführung in die Hymnologie, Göttingen.

Auf der Mar, Hansjörg (1983), Feiern im Rhythmus der Zeit I. Herrenfeste in Woche und Jahr (GDK 5), Regensburg.

Bärsch, Jürgen/Kranemann, Benedikt (Hg.) in Verbindung mit Haunerland, Winfried/ Klöckener, Martin (2018), Geschichte der Liturgie in den Kirchen des Westens.

Rituelle Entwicklungen, theologische Konzepte und kulturelle Kontexte, Bd. 1: Von der Antike bis zur Neuzeit, Bd. 2: Moderne und Gegenwart, Münster.

BAUER, SIEGFRIED (Hg.) unter Mitarbeit von Ingo Bredenbach (1996): Probieren und Studieren. Lehrbuch zur Grundausbildung in der evangelischen Kirchenmusik, München.

BIERITZ, KARL-HEINRICH (2004), Liturgik, Berlin.

ECKSTEIN, HANS-JOACHIM/HECKEL, ULRICH/WEYEL, BIRGIT (Hg.) (2011), Kompendium Gottesdienst. Der evangelische Gottesdienst in Geschichte und Gegenwart, Tübingen.

GERHARDS, ALBERT/KRANEMANN, BENEDIKT (2006, 2013), Einführung in die Liturgiewissenschaft, Darmstadt.

GERHARDS, ALBERT/SCHNEIDER, MATTHIAS (Hg.) (2014), Der Gottesdienst und seine Musik, 2 Bde., Laaber.

GRETHLEIN, CHRISTIAN/RUDDAT, GÜNTER (Hg.) (2003), Liturgisches Kompendium, Göttingen.

GRETHLEIN, CHRISTIAN (2001), Grundfragen der Liturgik. Ein Studienbuch zur zeitgemäßen Gottesdienstgestaltung, Gütersloh.

KLEINHEYER, BRUNO (1989), Sakramentliche Feiern I. Die Feiern der Eingliederung in die Kirche (GDK 7/1), Regensburg.

MEßNER, REINHARD (2009), Einführung in die Liturgiewissenschaft, Paderborn.

MEYER, HANS BERNHARD/AUF DER MAUR, HANSJÖRG/FISCHER, BALTHASAR, HÄUßLING ANGELUS A./KLEINHEYER, BRUNO (1983ff), Gottesdienst der Kirche. Handbuch der Liturgiewissenschaft, Regensburg (das Werk ist noch nicht vollständig erschienen).

MEYER, HANS BERNHARD (1989), Eucharistie. Geschichte, Theologie, Pastoral; mit einem Beitrag von Irmgard Pahl (GDK 4), Regensburg.

MEYER-BLANCK, MICHAEL (2011), Gottesdienstlehre (Neue theologische Grundrisse 1), Tübingen.

MÜLLER, KARL FERDINAND/BLANKENBURG, WALTER (Hg.) (1954–1970), Leiturgia. Handbuch des evangelischen Gottesdienstes, 5 Bde., Kassel (Bd. 1: Geschichte und Lehre des evangelischen Gottesdienstes, Bd. 2: Hauptgottesdienst, Bd. 3: Predigtgottesdienst und täglicher Gottesdienst, Bd. 4: Musik des ev. Gottesdienstes, Bd. 5: Taufgottesdienst. Der letzte Band zum Abendmahl ist nicht mehr erschienen).

NEIJENHUIS, JÖRG (2012a), Liturgik. Gottesdienstelemente im Kontext, Göttingen.

SCHMIDT-LAUBER, HANS-CHRISTOPH/MEYER-BLANCK, MICHAEL/BIERITZ, KARL-HEINRICH (Hg.) (2003), Handbuch der Liturgik. Liturgiewissenschaft in Theologie und Praxis der Kirche,Göttingen.

VOLP, RAINER (1994), Liturgik. Die Kunst, Gott zu feiern, 2 Bde., Gütersloh.

5.4 Sekundärliteratur

ANGENENDT, ARNOLD (2009), Geschichte der Religiosität im Mittelalter, Darmstadt.

ARNOLD, JOCHEN (Hg.) (2012), Andere Gottesdienste. Erkundungen und Reflexionen zu alternativen Liturgien, Gütersloh.

Bauer, Daniel Tobias/Klie, Thomas/Kumlehn, Martina/Obermann, Andreas (Hg.) (2020), Von semiotischen Bühnen und religiöser Vergewisserung. Religiöse Kommunikation und ihre Wahrheitsbedingungen (FS Michael Meyer-Blanck), Berlin/Boston.

Bedford-Strohm, Heinrich/Jung, Volker (Hg.) (2015), Vernetzte Vielfalt. Kirche angesichts von Individualisierung und Säkularisierung. Die fünfte EKD-Erhebung über Kirchenmitgliedschaft, Gütersloh.

Belliger, Andréa/Krieger, David J. (Hg.) (2006), Ritualtheorien. Ein einführendes Handbuch, Wiesbaden.

Bertelsmann-Stiftung (Hg.) (2009), Woran glaubt die Welt? Analysen und Kommentare zum Religionsmonitor 2008, Gütersloh.

Bieritz, Karl-Heinrich (1982), Zeichen der Eröffnung, in: Volp, Rainer (Hg.), Zeichen. Semiotik in Theologie und Gottesdienst, Mainz/München, 195–221 (wieder abgedruckt in: Bieritz, Karl-Heinrich (1995), Zeichen setzen. Beiträge zu Gottesdienst und Predigt (PTHe 22), Stuttgart, 42–60).

Bieritz, Karl-Heinrich (1995), Zeichen setzen. Beiträge zu Gottesdienst und Predigt (PTHe 22), Stuttgart.

Bieritz, Karl-Heinrich (1998), Spielraum Gottesdienst. Von der ›Inszenierung des Evangeliums‹ auf der liturgischen Bühne, in: Schilson, Arno/Hake, Joachim (Hg.), Drama ›Gottesdienst‹. Zwischen Inszenierung und Kult, Stuttgart, 69–101.

Bieritz, Karl-Heinrich (2002), Liturgische Bewegungen im deutschen Protestantismus, in: Liturgiereformen. Historische Studien zu einem bleibenden Grundzug des christlichen Gottesdienstes, Teil II: Liturgiereformen seit der Mitte des 19. Jahrhunderts bis zur Gegenwart, hg. v. Martin Klöckener/Benedikt Kranemann (Hg.), Münster (LQF 88), 711–748.

Bieritz, Karl-Heinrich (2003), Anthropologische Grundlegung, in: Schmidt-Lauber, Hans-Christoph/Meyer-Blanck, Michael/Bieritz, Karl-Heinrich (Hg.), Handbuch der Liturgik. Liturgiewissenschaft in Theologie und Praxis der Kirche, Göttingen, 95–128, bes. 119ff.

Brunner, Peter (1954), Zur Lehre vom Gottesdienst der im Namen Jesu versammelten Gemeinde, in: Müller, Karl Ferdinand/Blankenburg, Walter (Hg.), Leiturgia. Handbuch des evangelischen Gottesdienstes, Bd. 1, Kassel, 83–364.

Calmbach, Marc (2013), MDG-Milieuhandbuch 2013. Religiöse und kirchliche Orientierungen in den Sinus-Milieus, München.

Cornehl, Peter (1979), Theorie des Gottesdienstes – ein Prospekt, in: ThQ 159 (1979), 178–195.

Cornehl, Peter (1985), Evangelischer Gottesdienst von der Reformation bis zur Gegenwart, in: TRE 14 (1985), 54–85.

Daiber, Karl-Fritz (1977), Grundriß der Praktischen Theologie als Handlungswissenschaft. Kritik und Erneuerung der Kirche als Aufgabe, München.

Dalferth, Ingolf U. (2004), Evangelische Theologie als Interpretationspraxis. Eine systematische Orientierung (ThLZ.F 11/12), Leipzig.

Deeg, Alexander (2012), Das äußere Wort und seine liturgische Gestalt. Überlegungen zu einer evangelischen Fundamentalliturgik (APTLH 68), Göttingen.

Dücker, Burckhard (2007), Rituale. Formen – Funktionen – Geschichte. Eine Einführung in die Ritualwissenschaft, Stuttgart/Weimar.

EBERTZ, MICHAEL N./WUNDER, BERNHARD (Hg.) (2009), Milieupraxis. Vom Sehen zum Handeln in der pastoralen Arbeit, Würzburg.

ECKHARDT, BENEDIKT (2018), Paulus und die Vereine. Korinth, Philippi, Thessalonike, in: ECKHARDT, BENEDIKT/LEONHARD, CLEMENS, Juden, Christen und Vereine im Römischen Reich (RVV 75), Berlin, 131–162.

ECO, UMBERTO (1982), Der Name der Rose, München/Wien.

ENGELHARD, KLAUS/VON LOEWENICH, HERMANN/STEINACKER, PETER (Hg.) (1997), Fremde Heimat Kirche. Die dritte EKD-Erhebung über Kirchenmitgliedschaft, Gütersloh.

ENGEMANN, WILFRIED (1993), Semiotische Homiletik. Prämissen – Analysen – Konsequenzen, Tübingen.

ENGEMANN, WILFRIED (Hg.) (2016), Handbuch der Seelsorge. Grundlagen und Profile, Leipzig.

FAGERBERG, DAVID W. (2004), Theologia Prima. What is liturgical theology? Chicago.

FAILING, WOLF-ECKART/HEIMBROCK, HANS-GÜNTER (1998), Gelebte Religion wahrnehmen. Lebenswelt – Alltagskultur – Religionspraxis, Stuttgart.

FECHTNER, KRISTIAN (2017), Liturgik, in: FECHTNER, KRISTIAN/HERMELINK, JAN/KUMLEHN, MARTINA/WAGNER-RAU, ULRIKE, Praktische Theologie. Ein Lehrbuch (ThW 15), Stuttgart.

FEIGE, ANDREAS/LUKATIS, INGRID (2004), Empirie hat Konjunktur. Ausweitung und Differenzierung der empirischen Forschung in der deutschsprachigen Religions- und Kirchensoziologie seit den 90er Jahren – ein Forschungsbericht, in: PrTh 39, 12–34.

FENDLER, FOLKERT (2019), Kundenhabitus und Gottesdienst. Zur Logik protestantischen Kirchgangs (APTLH 94), Göttingen.

FISCHER-LICHTE, ERIKA (2001), Ästhetische Erfahrung. Das Semiotische und das Performative, Tübingen/Basel.

FRIEDRICH, MARCUS A. (2001), Liturgische Körper. Der Beitrag von Schauspieltheorien und -techniken für die Pastoralästhetik (PTHe 54), Stuttgart.

GENNEP, ARNOLD VAN (2005), Übergangsriten, Frankfurt a. M. (Original: Les rites de passage. Étude systématique des rites, Paris 1909).

GERHARDS, ALBERT/ODENTHAL, ANDREAS (2000), Auf dem Weg zu einer Liturgiewissenschaft im Dialog. Thesen zur wissenschaftstheoretischen Standortbestimmung, in: LJ 50, 41–53.

GERHARDS, ALBERT/OSTERHOLT-KOOTZ, BIRGIT (1992), Kommentar zur »Standortbestimmung der Liturgiewissenschaft«, in: LJ 42, 122–138.

GEYER, HERMANN (2007), Nikolai, montags um fünf. Die politischen Gottesdienste der Wendezeit in Leipzig, Darmstadt.

GRÄB, WILHELM (2000), Praktische Theologie als Theorie der Kirchenleitung. Friedrich Schleiermacher, in: GRETHLEIN, CHRISTIAN/MEYER-BLANCK, MICHAEL (Hg.), Geschichte der Praktischen Theologie. Dargestellt anhand ihrer Klassiker, Leipzig, 67–110.

GRÄB, WILHELM (2006), Religion als Deutung des Lebens. Perspektiven einer Praktischen Theologie gelebter Religion, Gütersloh.

GRÄB, WILHELM (2018), Vom Menschsein und der Religion. Eine praktische Kulturtheologie, Tübingen.

GRAUPNER, RICHARD (2019), Der Gottesdienst als Ritual. Entdeckung, Kritik und Neukonzeption des Ritualbegriffs in der evangelischen Liturgik (EKGP 5), Göttingen.

GRETHLEIN, CHRISTIAN (2009), Pfarrer – ein theologischer Beruf! Frankfurt a. M.

GRETHLEIN, CHRISTIAN (2012), Praktische Theologie, Berlin/Boston.

GRETHLEIN, CHRISTIAN (2016), Seelsorge im Kontext der Taufe, in: ENGEMANN, WILFRIED (Hg.), Handbuch der Seelsorge. Grundlagen und Profile, Leipzig, 514–531.

GRETHLEIN, CHRISTIAN/MEYER-BLANCK, MICHAEL (Hg.) (2000), Geschichte der Praktischen Theologie. Dargestellt anhand ihrer Klassiker, Leipzig.

GRETHLEIN, CHRISTIAN/SCHWIER, HELMUT (Hg.) (2007), Praktische Theologie. Eine Theorie- und Problemgeschichte (APrTh 33), Leipzig.

GRILLO, ANDREA (2006), Einführung in die liturgische Theologie. Zur Theorie des Gottesdienstes und der christlichen Sakramente. Eingeleitet und übersetzt von Michael Meyer-Blanck (APTLH 49), Göttingen.

GRÖZINGER, ALBRECHT/PFLEIDERER, GEORG (Hg.) (2002), »Gelebte Religion« als Programmbegriff Systematischer und Praktischer Theologie (ChrKu 1), Zürich.

GUARDINI, ROMANO (1921), Über die systematische Methode in der Liturgiewissenschaft, in: JLw 1, 97–108.

HABERER, TILMANN (2000), Die Thomasmesse. Ein Gottesdienst für Ungläubige, Zweifler und andere gute Christen, München.

HASPELMATH-FINATTI, DOROTHEA (2014), Theologie prima. Liturgische Theologie für den evangelischen Gottesdienst (APTLH 80), Göttingen.

HAUSCHILDT, EBERHARD (1998), Milieus in der Kirche. Erste Ansätze zu einer neuen Perspektive und ein Plädoyer für vertiefte Studien, in: PTh 87, 392–404.

HELLHOLM, DAVID/SÄNGER, DIETER (Hg.) (2017), The Eucharist – Its Origins and Contexts, 3 Bde. (WUNT 376), Tübingen.

HEMPELMANN, HEINZPETER/HECKEL, ULRICH/HINRICHS, KAREN/PETER, DAN (Hg.) (2015), Auf dem Weg zu einer milieusensiblen Kirche. Die SINUS-Studie »Evangelisch in Baden und Württemberg« und ihre Konsequenzen für kirchliche Handlungsfelder, Neukirchen-Vluyn.

HERMS, EILERT (2010), Kirche – Geschöpf und Werkzeug des Evangeliums, Tübingen.

HUBER, STEFAN (2014), Anzeichen einer Trendwende? Längsschnittanalyen zum Religionsmonitor 2008 und 2013, in: WEYEL, BIRGIT/BUBMANN, PETER (Hg.), Kirchentheorie. Praktisch-theologische Perspektiven auf die Kirche (VWGTH 41), Leipzig, 94–114.

HUBER, WOLFGANG/FRIEDRICH, JOHANNES/STEINACKER, PETER (Hg.) (2006), Kirche in der Vielfalt der Lebensbezüge. Die vierte EKD-Erhebung über Kirchenmitgliedschaft, 2 Bde., Gütersloh.

JETTER, WERNER (1986), Symbol und Ritual. Anthropologische Elemente im Gottesdienst, Göttingen.

JILEK, AUGUST (2003), Die Taufe, in: SCHMIDT-LAUBER, HANS-CHRISTOPH/MEYER-BLANCK, MICHAEL/BIERITZ, KARL-HEINRICH (Hg.), Handbuch der Liturgik. Liturgiewissenschaft in Theologie und Praxis der Kirche, Göttingen, 285–318.

JÜNGEL, EBERHARD (2003), Der evangelisch verstandene Gottesdienst, in: ders., Wertlose Wahrheit. Zur Identität und Relevanz des christlichen Glaubens. Theologische Erörterungen III, München/Tübingen, 283–310.

Jüngel, Eberhard (2010), Gott als Geheimnis der Welt. Zur Begründung der Theologie des Gekreuzigten im Streit zwischen Theismus und Atheismus, Tübingen.

Karle, Isolde (2008), Der Pfarrberuf als Profession. Eine Berufstheorie im Kontext der modernen Gesellschaft (PThK 3), Stuttgart.

Kerner, Hanns (2015), Gottesdienst im Wandel, hg. v. Konrad Müller/Thomas Melzl, Leipzig.

Klek, Konrad/Schrade, Werner, Zur Geschichte des Kirchenliedes, in: Bauer, Siegfried (Hg.): Probieren und Studieren. Lehrbuch zur Grundausbildung in der evangelischen Kirchenmusik, 233–265.

Klessmann, Michael (2008), Seelsorge. Begleitung, Begegnung, Lebensdeutung im Horizont des christlichen Glaubens. Ein Lehrbuch, Neukirchen-Vluyn.

Klie, Thomas (2010), Fremde Heimat Liturgie. Ästhetik gottesdienstlicher Stücke (PTHe 104), Stuttgart.

Klie, Thomas (2013), Zeichen und Spiel. Semiotische und spieltheoretische Rekonstruktion der Pastoraltheologie (PThK 11), Gütersloh.

Klie, Thomas/Fendler, Folkert/Gattwinkel, Hilmar (Hg.) (2017), On Demand. Kasualkultur der Gegenwart, Leipzig.

Klöckener, Martin (2018), Liturgische Quellen des Frühmittelalters, in: Bärsch, Jürgen/Kranemann, Benedikt (Hg.) in Verbindung mit Haunerland, Winfried/Klöckener, Martin, Geschichte der Liturgie in den Kirchen des Westens. Rituelle Entwicklungen, theologische Konzepte und kulturelle Kontexte, Bd. 1, Münster, 293–328.

Knop, Julia (2012), Ecclesia orans. Liturgie als Herausforderung für die Dogmatik, Freiburg i. Br.

Kohler, Eike (2016), Die Gemeinde als Ort der Begegnung und des Gesprächs. Gottesdienste – Besuche – Gesprächskreise, in: Engemann, Wilfried (Hg.), Handbuch der Seelsorge. Grundlagen und Profile, Leipzig, 120–140.

Körtner, Ulrich (2017), Zur Einführung. Das Herrenmahl, Gemeinschaftsmahl und Mahlgemeinschaft im Christentum. Ursprünge, Kontexte, Bedeutung und Praxis in Geschichte und Gegenwart aus systematisch-theologischer Sicht, in: Hellholm, David/Sänger, Dieter (Hg.), The Eucharist – Its Origins and Contexts, Bd. 1 (WUNT 376), Tübingen, 1–21.

Kossatz, Lydia (2017), Zeichen im System. Eine ästhetische Poimenik in systemtheoretischer und semiotischer Perspektive (PThW 20), Berlin/Boston.

Kranemann, Benedikt/Post, Paul (Hg.) (2009), Die modernen Ritual Studies als Herausforderung für die Liturgiewissenschaft (LiCo 20), Leuven.

Kranemann, Benedikt (2014), Ökumenische Liturgiewissenschaft. Eine Bilanz 1963–2013, in: Deeg, Alexander/Garhammer, Erich/Kranemann, Benedikt/Meyer-Blanck, Michael, Gottesdienst und Predigt – evangelisch und katholisch (EKPG 1), Neukirchen-Vluyn/Würzburg, 40–69.

Kranemann, Benedikt (2015), Die liturgische *actio* im Blick. Methoden gegenwärtiger Liturgiewissenschaft, in: Böntert, Stefan (Hg.), Gemeinschaft im Danken. Grundfragen der Eucharistiefeier im ökumenischen Gespräch (StPaLi 40), Regensburg, 362–379.

Kranemann, Benedikt (2018), Magnum principium – ein neues Kapitel für die Volkssprache in der Liturgie, in: ET-Studies 9/2 (2018), 205–225.

KUGLER, GEORG (1981), Feierabendmahl. Zwischenbilanz – Gestaltungsvorschläge – Modelle, Gütersloh.

LANGE, ERNST (1981), Aus der »Bilanz 65«, in: ders., Kirche für die Welt. Aufsätze zur Theorie kirchlichen Handelns, hg. v. Rüdiger Schloz, München, 63–160, bes. 101–129.

LATHROP, GORDON W. (1993), Holy Things. A Liturgical Theology, Minneapolis.

LATHROP, GORDON W. (1999), Holy People. A Liturgical Ecclesiology, Minneapolis.

LEONHARD, CLEMENS (2018a), Die griechisch-römischen Vereine und die Mahlfeiern der christlichen Gruppen, in: ECKHARDT, BENEDIKT/LEONHARD, CLEMENS, Juden, Christen und Vereine im Römischen Reich (RVV 75), Berlin, 255–291.

LEONHARD, CLEMENS (2018b), Die Feiern und Nicht-Feiern christlicher Feste und die gesellschaftlichen Konventionen des griechisch-römischen Vereinswesen, in: ECKHARDT, BENEDIKT/LEONHARD, CLEMENS, Juden, Christen und Vereine im Römischen Reich (RVV 75), Berlin, 293–330.

LEVINE, LEE I. (Hg.) (1981), Ancient Synagogues Revealed, Jerusalem.

LEVINE, LEE I. (2000), The Ancient Synagogue. The first thousand Years, New Haven/London.

LÜBBE, HERMANN (1986), Religion nach der Aufklärung, Graz.

LUCKMANN, THOMAS (1991), Die unsichtbare Religion, Frankfurt a. M.

LUHMANN, NIKLAS (1977), Funktion der Religion, Frankfurt a. M.

LURZ, FRIEDRICH (1998), Die Feier des Abendmahls nach der Kurpfälzischen Kirchenordnung von 1563. Ein Beitrag zu einer ökumenischen Liturgiewissenschaft (PTHe 38), Stuttgart.

LURZ, FRIEDRICH (2003), Erlebte Liturgie. Autobiografische Schriften als liturgiewissenschaftliche Quellen (Ästhetik – Theologie – Liturgik 28), Münster.

MARTIN, JEANNETT (2007), Mensch – Alltag – Gottesdienst. Bedürfnisse, Rituale und Bedeutungszuschreibungen evangelisch Getaufter in Bayern (bayreuther forum TRANSIT. Kulturwissenschaftliche Religionsstudien 7), Münster.

MEẞNER, REINHARD (1998), Was ist systematische Liturgiewissenschaft? Ein Entwurf in sieben Thesen, in: Alw 40, 257–274.

MEẞNER, REINHARD (2001), Unterschiedliche Konzeptionen des Meßopfers im Spiegel von Bedeutung und Deutung der Interzessionen des römischen Canon missae, in: GERHARDS, ALBERT/RICHTER, KLEMENS (Hg.), Das Opfer. Biblischer Anspruch und liturgische Gestalt (QD 186), Freiburg i. Br., 128–184.

MEẞNER, REINHARD (2003), Der Gottesdienst in der vornizänischen Kirche, in: PIETRI, LUCE (Hg.), Die Geschichte des Christentums. Religion – Politik – Kultur. Bd. 1: Die Zeit des Anfangs bis 250, Freiburg i. Br., 340–441.

MEYER-BLANCK, MICHAEL (1997), Inszenierung des Evangeliums, Göttingen.

MEYER-BLANCK, MICHAEL (2002), Vom Symbol zum Zeichen. Symboldidaktik und Semiotik, Rheinbach.

MEYER-BLANCK, MICHAEL (2018), Zeigen und Verstehen. Skizzen zu Glauben und Lernen, Leipzig, bes. 61–82.

MEYER-BLANCK, MICHAEL/DRESSLER, BERNHARD (Hg.) (2003), Religion zeigen. Religionspädagogik und Semiotik, Münster.

MORGENTHALER, CHRISTOPH (2009), Seelsorge (Lehrbuch Praktische Theologie 3), Gütersloh.

Müller, Olaf (2018), Religionssoziologische Datenquellen, in: Pollack, Detlef/Krech, Volkhard/Müller, Olaf/Hero, Markus (Hg.), Handbuch Religionssoziologie, Wiesbaden, 283–300.

Müller, Olaf/Pickel, Gert (2018), Quantitative Methoden in der Religionsforschung, in: Pollack, Detlef/Krech, Volkhard/Müller, Olaf/Hero, Markus (Hg.), Handbuch Religionssoziologie, Wiesbaden, 255–281.

Neijenhuis, Jörg (1999), Das Eucharistiegebet – Struktur und Opferverständnis. Untersucht am Beispiel des Projekts der Erneuerten Agende (APrTh 15), Leipzig.

Neijenhuis, Jörg (Hg.) (2001), Liturgie lernen und lehren. Aufsätze zur Liturgiedidaktik (BLSp 6), Leipzig.

Neijenhuis, Jörg (2008), Gestalt und Deutung der christlichen Initiation in den reformatorischen Kirchen des 19. und 20. Jahrhunderts in Deutschland, in: Lange, Christian/Leonhard, Clemens/Olbrich, Ralph (Hg.), Die Taufe. Einführung in Geschichte und Praxis, Darmstadt, 151–164.

Neijenhuis, Jörg (2011), Peter Brunner (1900–1981), in: Kranemann, Benedikt/Raschzok, Klaus (Hg.), Gottesdienst als Feld theologischer Wissenschaft im 20. Jahrhundert. Deutschsprachige Liturgiewissenschaft in Einzelporträts (LQF 98), 2 Bde, Münster, 219–235.

Neijenhuis, Jörg (2012b), Feste und Feiern. Eine theologische Theorie, Leipzig.

Neijenhuis, Jörg (2013), Beobachtungen zur Wiederzulassung der vorkonziliaren Messe in der Römisch-katholischen Kirche, in: JLH 52 (2013), 8–31.

Neijenhuis, Jörg (2014), Die lutherische Messe, in: Gerhards, Albert/Schneider, Matthias (Hg.) (2014), Der Gottesdienst und seine Musik, 2. Bd., Laaber, 91–94.

Neijenhuis, Jörg (2017), Mit dem Anspruch von Wahrheit. Einige wissenschaftstheoretische Überlegungen zum Selbstverständnis und zur Konzeption von Liturgiewissenschaft, in: JLH 56 (2017), 9–28.

Neijenhuis, Jörg (2018), Verkündigung und Liturgie – ein schwieriges Verhältnis? Einige Überlegungen zum Sinn gottesdienstlicher Feiern unter Berücksichtigung kontroverstheologischer und ökumenischer Aspekte, in: JLH 57 (2018), 41–57.

Neijenhuis, Jörg (2020), Liturgische Bildung und Liturgiefeier im Kontext von Sinnerfahrungen in der Moderne, in: Bauer, Daniel/Klie, Thomas/Kumlehn, Martina/Obermann, Andreas (Hg.), Von semiotischen Bühnen und religiöser Vergewisserung. Religiöse Kommunikation und ihre Wahrheitsbedingungen (FS Michael Meyer-Blanck), Berlin/Boston 2020, 181–203.

Nicol, Martin (2009, [3]2011), Weg im Geheimnis. Plädoyer für den Evangelischen Gottesdienst, Göttingen.

Niebergall, Alfred (1977/78), Agende, in: TRE 1 (1977), 755–784/TRE 2 (1978), 1–91.

Odenthal, Andreas (2002), Liturgie als Ritual. Theologische und psychoanalytische Überlegungen zu einer praktisch-theologischen Theorie des Gottesdienstes als Symbolgeschehen (PTHe 60), Stuttgart.

Odenthal, Andreas (2019), Rituelle Erfahrung. Praktisch-theologische Konturen des christlichen Gottesdienstes (PTHe 161), Stuttgart.

Plieth, Martina (2016), Seelsorge im Kontext von Sterben, Tod und Trauer, in: Engemann, Wilfried (Hg.), Handbuch der Seelsorge. Grundlagen und Profile, Leipzig, 552–570.

Plüss, David (2007), Gottesdienst als Textinszenierung. Perspektiven einer performativen Ästhetik des Gottesdienstes (ChrKu 7), Zürich.

Pohl-Patalong, Uta (2007), Pastoraltheologie, in: Grethlein, Christian/Schwier, Helmut (Hg.), Praktische Theologie. Eine Theorie- und Problemgeschichte (APrTh 33), Leipzig, 515–574.

Pohl-Patalong, Uta (2011), Gottesdienst erleben. Empirische Einsichten zum evangelischen Gottesdienst, Stuttgart.

Pollack, Detlef (2003), Säkularisierung – ein moderner Mythos? Studien zum religiösen Wandel in Deutschland, Tübingen.

Pollack, Detlef (2009), Rückkehr des Religiösen? Studien zum religiösen Wandel in Deutschland und Europa II, Tübingen.

Pollack, Detlef (2016), Religion und gesellschaftliche Differenzierung. Studien zum religiösen Wandel in Europa und den USA III, Tübingen.

Pollack, Detlef/Krech, Volkhard/Müller, Olaf/Hero, Markus (Hg.) (2018), Handbuch Religionssoziologie, Wiesbaden.

Raschzok, Klaus (Hg. im Auftrag der Liturgischen Konferenz) (2017), Nordamerikanische liturgische Theologie, Gütersloh.

Reckwitz, Andreas (2017), Die Gesellschaft der Singularitäten. Zum Strukturwandel der Moderne, Berlin.

Roetzer, Wunibald (1930), Des heiligen Augustinus Schriften als liturgie-geschichtliche Quelle. Eine liturgie-geschichtliche Studie, München.

Rordorf, Willy (1993), Was wissen wir über die christlichen Gottesdiensträume der vorkonstantinischen Zeit?, in: ders., Lex orandi, lex credendi (Par 36), Freiburg/Schweiz, 57–75.

Rosa, Hartmut (2005), Beschleunigung. Die Veränderung der Zeitstrukturen in der Moderne (stw 1760), Frankfurt a. M.

Roth, Ursula (2006), Die Theatralität des Gottesdienstes (PThK 18), Gütersloh.

Rouwhorst, Gerard (2018), Liturgie in der Alten Kirche des Ostens, in: Bärsch, Jürgen/Kranemann, Benedikt (Hg.) in Verbindung mit Haunerland, Winfried/Klöckener, Martin, Geschichte der Liturgie in den Kirchen des Westens. Rituelle Entwicklungen, theologische Konzepte und kulturelle Kontexte, Bd. 1, Münster, 155–200.

Schirr, Bertram J. (2018), Fürbitten als religiöse Performance. Eine ehtnographisch-theologische Untersuchung in drei kontrastierenden Berliner Gottesdienstkulturen (APrTh 70), Göttingen.

Schiwy, Günther u. a. (Hg.) (1976), Zeichen im Gottesdienst, München.

Schleiermacher, Friedrich Daniel Ernst (1850), Die praktische Theologie nach den Grundsätzen der evangelischen Kirche im Zusammenhang dargestellt, hg. v. Jacob Frerichs, Berlin.

Schmemann, Alexander (2003), Introduction to Liturgical Theology, Crestwood, NY.

Schmemann, Alexander (2005), Eucharistie. Sakrament des Gottesreiches, Einsiedeln (Original: The Eucharist. Sacrament of the Kingdom, Crestwood, NY 1988).

Schrott, Simon A. (2014), Pascha-Myterium. Zum liturgietheologischen Leitbegriff des Zweiten Vatikanischen Konzils (Theologie der Liturgie 6), Regensburg.

Schulz, Claudia/Hauschildt, Eberhard/Kohler, Eike (Hg.) (2008), Milieus praktisch. Analyse- und Planungshilfen für Kirche und Gemeinde, Göttingen.

SCHULZ, CLAUDIA (2013), Empirische Forschung als Praktische Theologie. Theoretische Grundlagen und sachgerechte Anwendung (APTLH 76), Göttingen.

SCHULZ, FRIEDER (2002), Die Agendenreform in den evangelischen Kirchen, in: KLÖCKENER, MARTIN/KRANEMANN, BENEDIKT (Hg.), Liturgiereformen. Historische Studien zu einem bleibenden Grundzug des christlichen Gottesdienstes, Teil II: Liturgiereformen seit der Mitte des 19. Jahrhunderts bis zur Gegenwart (LQF 88), Münster, 1017–1050.

SCHULZE, GERHARD (2005), Die Erlebnisgesellschaft. Kultursoziologie der Gegenwart, Frankfurt a. M.

SÖLLE, DOROTHEE (1969), Politisches Nachtgebet in Köln, Stuttgart.

STAUSBERG, MICHAEL (2004), Art. Ritus/Ritual (Religionswissenschaftlich), in: ^{4}RGG 7, 547–549.

SUNDERMEIER, THEO (1998), Art. Ritus (Religionswissenschaftlich), in: TRE 29 259–265.

THILO, HANS-JOACHIM (1985), Die therapeutische Funktion des Gottesdienstes, Kassel.

TRAUTWEIN, DIETER (1972), Lernprozeß Gottesdienst, Gelnhausen/München.

TURNER, VICTOR (1989), Das Ritual. Struktur und Anti-Struktur, Frankfurt a. M. (Original: The Ritual Process. Structure and Anti-Structure, New York 1969).

TURNER, VICTOR (2009), Vom Ritual zum Theater. Der Ernst des menschlichen Spiels, Frankfurt a. M. (Original: From Ritual to Theatre. The Human Seriousness of Play, New York 1982).

WAGNER-RAU, ULRIKE (2016), Seelsorge im Kontext von Ehe und Partnerschaft, in: ENGEMANN, WILFRIED (Hg.), Handbuch der Seelsorge. Grundlagen und Profile, Leipzig, 532–551.

WAGNER-RAU, ULRIKE (2017), Pastoraltheologie, in: FECHTNER, KRISTIAN/HERMELINK, JAN/KUMLEHN, MARTINA/WAGNER-RAU, ULRIKE, Praktische Theologie. Ein Lehrbuch (ThW 15), Stuttgart, 105–127.

WAGNER-RAU, ULRIKE/HANDKE, EMILIA (Hg.) (2019), Provozierte Kasualpraxis. Rituale in Bewegung, Stuttgart.

WAINWRIGHT, GEOFFREY (1980), Doxology. The Praise of God in Worship, Doctrine and Life. A Systematic Theology, New York.

WALLRAFF, MARTIN (2001), Christus Verus Sol. Sonnenverehrung und Christentum in der Spätantike (JAC, Ergänzungsband 32), Münster.

WALLRAFF, MARTIN (2010), Spätantike Liturgien und ihr normativer Wert in den Liturgiereformen des 20. Jahrhunderts, in: KRANEMANN, BENEDIKT/SOBECZKO, HELMUT JAN (Hg.), Liturgie in kulturellen Kontexten. Messbuchreform als Thema der Liturgiewissenschaft (ColTh 11), Opole, 39–60.

WEYEL, BIRGIT/GRÄB, WILHELM (Hg.) (2013), Praktische Theologie und empirische Religionsforschung (VWGTH 39), Leipzig.

WHITE, L. M. (1997), The Social Origins of Christian Architecture. Vol 1: Building God's House in the Roman World. Architectural Adaptation among Pagans, Jews, and Christians, Vol 2: Texts and Monuments for the Christian Domus ecclesiae in its Environment (HThs 42), Harvard.

WICK, PETER (2002), Die urchristlichen Gottesdienste. Entstehung und Entwicklung im Rahmen der frühjüdischen Tempel-, Synagogen- und Hausfrömmigkeit (BWANT 150), Stuttgart.

WIPPERMANN, CARSTEN (2011), Milieus in Bewegung. Werte, Sinn, Religion und Ästhetik in Deutschland, Würzburg.

WOLFRUM, EDGAR (2017), Welt im Zwiespalt. Eine andere Geschichte des 20. Jahrhunderts, Stuttgart.

WOHLRAB-SAHR, MONIKA (2018), Qualitative Methoden in der Religionssoziologie, in: POLLACK, DETLEF/KRECH, VOLKHARD/MÜLLER, OLAF/HERO, MARKUS (Hg.), Handbuch Religionssoziologie, Wiesbaden, 233–254.

WÜSTENBERG, ULRICH, Das 19. Jahrhundert, in: MÖLLER, CHRISTIAN (Hg.) (2000): Kirchenlied und Gesangbuch. Quellen zu ihrer Geschichte, Tübingen/Basel, 214–266.

6. Register